過去をもつ人

荒川洋治

みすず書房

過去をもつ人・目次

I

I

友だちの人生

中学のときも、高校のときも、本の感想を書くことができなかった。どんなことを書けばいいのか、わからない。そこに不安があるのだと思う。

特に感想を求めないような小説もある。こちらに負担をかけないのだ。それでいて何かを感じさせるのだ。ほんとうの名作とはそういうものかもしれない。

色川武大（一九二九―一九八九）の小説は、以前、「百」（一九八一・川端康成文学賞）という短編を読んだことがある。父親と家族のかかわりをテンポよく、軽妙に、感動的に描いたもので、昭和の掉尾を飾る名短編である。

このほど色川武大の作品集が出た。『友は野末に　九つの短篇』（新潮社）という本だ。題名が示すように「友は野末に」など九編を収録する。没後に刊行された全集には収められたが、生前の単行本には未収録のものなので、これで初めて知る人も多い。

色川武大はもう亡くなったので、当然のことに、新しい作品発表はない。でも読者は心のなかで「色川武大の新作を読みたいなあ」と思っているので、またそういう空気があるので、それを感じとった人たちが、どんな形であれ、新刊を出したい気持ちになる。それで、こんな一冊が編まれたのだろう。

単行本未収録ということは、色川武大が、ある期間に書いた作品をまとめるときに、これらの作品を収録しなかった、つまり自分で「落とした」のだ。亡くなる直前に書いたものを除けば、そうと考えられる。落選した作品なのだ。だから最初、どうなのかなと思ったのだが、読んでみると、なかにはとてもいいものがあるのだ。そしてぼくは、この本がとても好きになってしまった。九つの作品を読み終えたあとも、もう他にないのかなあと、まるでからっぽの箱の底を見つめるような心地になった。

なかでも表題作の「友は野末に」は、とてもいい作品だと思う。

大空くんという友だちのことを書いたものだ。大空くんと「私」は幼稚園、小学校までは同じ。大空くんはちょっと変わったところのある子どもで、「私」もそうなので、親近感をもつ。そのあと、はなればなれになるのだが、大空くんは、ときどき幻に現れるのだ。大空くんと、そのお母さんと「私」が銭湯でいっしょになるなど、夢もちょっと変わったものだ。

それからどうなるのだろうと思ったら、そのあと、こんなことになるのだ。三〇年ほどあと、遠いいなかに暮らす大空くんから「私」に手紙が来る。そのあと、大空くんの訃報が届く。親しかった友だちを描いたというだけの話かというと、そうではない。

大空くんと「私」が、少しおとなになって、接触をもたなかった時期に、「私」は、「大空くんはいったいどういう生き方をしているのだろうと思う」。

この『友は野末に』に収められた作品には、このように、ひとりの人間の「空白」期間について、思いをめぐらす場面が多い。そのあと、あるいは会えなかった時期、その人がどういう生き方をしているのか、それが心にかかるということなのである。そのおりの何かとても真剣な、人間に対する愛情が伝わってきて、ぼくは強く胸を打たれる。

これは単純な友情というものをこえたものだ。自分と他人の区別をもこえた、人生そのものへの想念のあらわれである。こういう気持ちで人に向き合う人が、いまはほとんどいなくなったように思う。淡々としているが、とても深みのある作品だ。

もうひとつ感じたこと。それは色川武大の作品は、子ども時代も、それから少しあとの子ども時代も、それからのおとなの時代も、どれにもかたよらずに、そのときどきの人間の気持ちを同等に扱う、ということだ。だから読んでいると、人は、どの時期の人の姿にも、親しみと安らぎを感じる人になる。

壊す人

ユーモアということばがあるが、小説などを読んでも、ぼくはユーモアの気配があるところで、なかなか笑えない。たとえば夏目漱石の、名作といわれる「吾輩は猫である」は、読んでも、おもしろく感じない。つくられたものという感じ。わざとらしくて、すなおになれないのである。漱石の作品では「草枕」のほうがおかしい。ユーモアそのものではないが、ふとしたところでにっこりする。そんなわけで、ユーモア小説の名手などとあると、きっとまた笑えないのだろうと、尻込みしてしまうのだ。ぼくの心が狭いのだと思う。

それでも、世の中にはおかしな作品があるもので、ジェイムズ・サーバー（一八九四—一九六一）の短編を集めた『傍迷惑《はた》な人々』（芹澤恵訳・光文社古典新訳文庫）は、その代表的なものかもしれない。

サーバーは、アメリカ・オハイオ州コロンバス生まれ。漫画、イラストで知られたが、短編でも世界の人々の目を引いた。アメリカ映画「虹を掴む男」の原作者だ。サーバーの小説は以前、アメリカ文学の選集に数編収録されたくらいで日本ではあまり知られていない。

本邦初訳の「なんでも壊す男」から、読みはじめることにした。小説というよりエッセイのような感じの作品である。自分のことを、すなおに書いているのだ。

「ぼくは生まれつき、道具というものとどうも相性がよくない」そうである。でも、「さすがにタイプライターのインクリボンを取り替えることだけは、かろうじてできる。といってもその技術を習得するには二十二年の歳月を要したし、今でもときどき、もつれたリボンをほどくのに友人や隣人の手を借りなくてはならなくなる」。

車を走らせることはできるが、「ただ、何がどうなってそういうことになるのか、それがわからない」。ぼくも。

最新式のソーダ・サイフォンを、クリスマスの贈り物としてもらった。取扱説明書を読むと、「最初から三番めまでは単純でしごくわかりやすかった。ところが、四番めから俄然、うさんくさくなった。こんなことが書いてあったのだ。――《スーパー・チャージャーを所定のポジションにセットします。細いほうが外側を向くようにしてください(図C参照)。セットしたら、チャージ・ホルダーのキャップをもとどおりに締めなおします。その際に、無理やり力任せに締めないようお気をつけください》」

サーバーは、いう。「説明書を書いた人は知らないだろうけれど、ぼくがまず最初に試してみるのは力なのだ。〝知恵の輪〟をはずすときにも、オリーヴの瓶詰めの蓋を開けるときも、そのほかどんなときにも、まずは力任せにやってみるのである」。機械をはじめ、新しいものになじめない人は、この一節だけでも共感することだろう。ぼくもまたサーバーさんと同様に、まずは「力任せ」ではじめるのだから、あまりの共感で、胸がつまりそうである。

「力任せ」の結果、「屋根裏部屋には、そんな一方的な格闘でぼくに骨をへし折られた物たちが死屍累々と積みあげられている」。

ぼくは、この「なんでも壊す男」を読みながら、久しぶりに笑いころげてしまった。いまの新しい世代の人たちのなかには、こんななさけない人はいない。説明書で七転八倒する人などいないはず。でもいずれその人たちがもっともっと新しいものに襲われたとき、同じドラマが起きないとはかぎらない。

サーバーの短編は、社会のしくみや機械のしくみや取扱説明書のしくみに文句をいっているのに、不思議とのどかな、楽しい気持ちになる。生きていることも、いつもよりうれしく感じられる。そんな空気になる。それは、こまったことや、まごついたことについても、サーバーは実は、「力任せ」ではなく、すなおに正直に、順を追って書いているからだろう。いま自分は何をしているのか。それをいつも見つめる。そこから心地よい、待望のユーモアが生まれるのだ。

読書という悪書

読書とは何かを知るためにはこの本しかない。これまでも、これからも。

ドイツの哲学者ショーペンハウアー（一七八八―一八六〇）の名著『読書について』の新訳が光文社古典新訳文庫で出た。鈴木芳子訳。訳文がいい。文字も大きく読みやすい。「自分の頭で考える」「著述と文体について」「読書について」、以上三編で構成。

「本を読むとは、自分の頭ではなく、他人の頭で考えることだ。たえず本を読んでいると、他人の考えがどんどん流れ込んでくる」。読書は「自分の頭で考える人にとって、マイナスにしかならない」。さらにいう。

「学者、物知りとは書物を読破した人のことだ。だが思想家、天才、世界に光をもたらし、人類の進歩をうながす人とは、世界という書物を直接読破した人のことだ。」

ショーペンハウアーのことばは明快。そのすべてが真実であるというしかないが、次のような一節も心に残る。「自分の頭で考える人はみな、根っこの部分で一致している」「立脚点にまったく違いがなければ、みな同じことを述べる」。

わあ、すごい。哲学というのは、そこまでもっていくのだ、ひとつもふたつも奥まで運んでいくのだということがわかる。ともかく自分の頭で考えられない人は読書などしてはならないのだ。むしろしないほうが、じかに現実に接するので、一定の知恵が保たれるというのだ。この本を読んでいくと、読書は「自分の頭で考える」ことのできる、ごく少数の人、特別な能力をそなえる人だけにゆるされるもので、そうではない人たちが少しでもかかわると、ろくでもないことになるということだ。一般読者、一般的読書の否定である。否定もだいじだと思う。本を読むことを人はこれまで肯定的にしか扱わなかった。そのために読者は自分を疑う機会を十分に与えられない。その意味でこの本のことばは、すべてに「甘い」いまのような時代にこそ向けられているのだと思う。

「書く力も資格もない者が書いた冗文や、からっぽ財布を満たそうと、からっぽ脳みそがひねり出した駄作は、書籍全体の九割にのぼる」。また、「うわべの文学」と「真の文学」に分け、それぞれを「流失の文学」「不動の文学」といいかえる。いまは「うわべの文学」「流失の文学」だけが評価される、と。読書の最大の要点は「悪書」を読まないこと。「いつの時代も大衆に大受けする本には」手を出さないのが肝要。「人々はあらゆる時代の最良の書を読む代わりに、年がら年じゅう最新刊ばかり読み、いっぽう書き手の考えは堂々巡りし、狭い世界にとどまる。こうして時代はますます深く、みずからつくり出したぬかるみにはまっていく」。読めばいいというものではない。読書そのものが「悪書」になることも多い、ということなのだろう。

この文章が書かれたのは、およそ一七〇年前だが、現在も同じ。ぴたり、あてはまる。

ショーペンハウアーは、匿名の批評、言動を全否定。いまは匿名のことばが得々と画面でつぶやかれるが「愚かしくあつかましい」ことを平然とつづけている人たちは、この批判をどううけとめるのだろうか。「著述と文体について」で分析・批判される、安易な言語表現も今日目にするものの原型である。こうしてさまざまな問題点にふれる。人の生き方にも及ぶ。途方もないひろがりと、深みがあるのだ。読書を見れば、人間と社会のすべてがわかる。それがこの古典の視点である。

いまは一般的読書が支配。本らしい本を読む人は少ない。読書が消えた時代だ。静かだ。読書とは何かを「考える」ときなのかもしれない。この本を読みながら、そう思った。

大学へ行く

一九六八年の入学だが、下宿が決まるまでが大変だった。最寄りの駅前の裏手に行くと、掲示板に物件が張り出され、そのそばで男の人が番をしている。多くはアルバイトの早稲田の学生だ。その人たちに聞いて、まだ慣れない電車に乗り、ようやく下宿をさがしあてると、その前にすでに人がいっぱい。こんなにいては、もうだめなのだ、と思うのだ。地方から出てくると、世の中のしくみに触れることばかり。ここは東京なのだ、と毎日思う。

文学部のキャンパスで「村上一郎講演会」のチケットを配る男子学生がいた。チケットは、謄写版の粗末なもの。でも何かがぼくを引きよせた。講演会には行かなかったけれど、それからぼくは少しずつ村上一郎の本を読みはじめた。

当時いちばん人気のあった詩人は、清水昶《あきら》である。詩集『少年』（永井出版企画・一九六九）がちょうど出たころだ。この一冊は新しい詩のはじまりを予告した。いま思うと、現代詩の最後の新人である。あんなにきらきらした詩人は以後、日本に現れていない。ある日、友だちが大学のそばの喫茶店で、「この間ここに、清水昶が来たんだぞ」と。それだけで、胸が高鳴る。「どこにすわってたの！」とぼく。

窪田般彌先生の授業が終わると、詩の好きな学生たち数人で、近くの喫茶店ジャルダンに向かう。しばらくすると、先生が現れる。一時間ほどお茶をのみながら、みなで先生の話を聞く。「いま、どんな詩人が人気があるの」などと、先生もぼくらに聞く。もりあがったところで、「あ、そろそろ次の授業だ」といって、先生は大学に戻る。こんな光景はいまは見られないだろう。

大学にいると、授業の他にも、いろんなことがあるので、ぼくはよく大学に行ったのだと思う。授業が終わり、帰ろうとすると、「おまえ、どこ行くんだ」といわれ、その友だちと、結局、用もないのに、そのへんをぶらぶら。気がつくと、知らない先輩の下宿にいたりするのである。大学にいるだけで、いろんなことがある。だいたい、そろっているなという感じがする。世界はそれで十分なのである。その点はいまも、あまり変わりはないかもしれない。

新しい見方へ導く

岩波文庫『日本近代随筆選1出会いの時』は、随筆アンソロジー全三冊の初巻である。千葉俊二、長谷川郁夫、宗像和重編。文学者（夏目漱石、北原白秋、川端康成、尾崎一雄、小林秀雄ほか）、音楽家（宮城道雄）、科学者（湯川秀樹、中谷宇吉郎、石原純、朝永振一郎）など各界四〇人、合わせて四二編が集結する。以下、書いたときの年齢も記す。発表の年または初収録の本の刊行年から、生年を引いたものだ。

冒頭の、森鷗外「サフラン」（五二歳）は、「名を聞いて人を知らぬと云うことが随分ある。人ばかりではない。すべての物にある」ではじまる。和本の辞書で知ったサフラン。子どものとき、父に聞く。「お父っさん。サフラン、草の名としてありますが、どんな草ですか。」

蘭医の父が、薬箪笥の抽出しから出して見せたのは、生きた花ではなくて「干物」だった。最近になって、「私」は、サフランが売られているのを見つけ、球根を買い、土に活けて、鉢に水をやる。「これはサフランと云う草と私との歴史である」。物を知る経過をつづり、無縁と思われたものにも「接触点」がある、とする。単純な会話ひとつにも注意し、淡々と文章の目的を果たす。さわやかだ。すてきな文章だ。

「サフランはサフランの生存をして行くであろう。私は私の生存をして行くであろう」。端的な表現にも味わいがある。

随筆は通常、五枚から一〇枚ほどのもの。それを読むと決めた人は、最初から最後までしっかり読む。小説などよりも丹念に読む。書き手にとっては怖い場所だけに、ていねいに書けばいいかというと、そうではない。読みおえた人に印象を残すことが成果なので、当然、技法が必要になる。しかし技法すらも読む人には気づかれてしまうので、技法の外へ出なくてはならない。「サフラン」の表現も、見つめられることを意識したものだろう。

中島敦「十年」(二五歳)。一六歳のとき、学校の裏山で空を流れる雲を見て、詩で知ったフランスのパリにあこがれる。それから一〇年が経過。「ふらんすへ行きたしと思へども／ふらんすはあまりに遠し」という、ふと見つけた詩(萩原朔太郎「旅上」の一節)を前に、いまだに遠いフランスのことを思う。それだけの、たった三頁の短文。特別なものはない。

中島敦の他の作品を知らずに目にした人は、この人はこれだけの人だ、と思うはず。でもこれだけの人だと印象づけることが、この場合とても大切なのだ。余分なものがないだけに、作者の純粋な気持ちは損なわれることなく後世に伝わる。

小出楢重「雑念」(三九歳)。この天才画家、数学が大嫌い。「5+5が10で、先生がやって生徒がやっても、山本がやっても、木村がやっても、10となる」なんて実につまらない、と。ここから、どんどん進む。こう思ってもここまで書く人はいない。随筆はときに過激なものなのだ。いま、この文章が話題とする範囲においては、これ以上に人が知ることはない、というふうに読む人に思わせる。そのためには他の見方が壊れるほどに、自分のカラーを押し出すことが必要になる。いい随筆に、平穏なものはない。

弱気な文章にも見どころがある。

大町桂月「予が四十歳」(三九歳)は、不惑を迎え、半生を振り返る。「思へば、われは、世の中の何物にもなれざる也」あたりから表情が険しくなる。「われ十三、四歳の頃より文を好みて、今日にいたるまで、文をつくる」「然《しか》れども、文の才あるにはあらず」「どうにか、かうにか、衣食を得るだけの事也」。そして「我れの何物にもなれざる所に、我が生命は存す」とする。ここまで自分をさらすと、こうとでも収めるしかない、というようす。

大町桂月は、美文の大家。美文は美辞麗句を多用。内容より形式を重んじるもので、明治中期に流行。いまも全国各地、景勝の地に、彼の美文を碑文としたものが数多く残る。この「予が四十歳」も美文だ。告白なので、いささか調子の落ちた美文。そこに一抹の哀愁が漂う。

大町桂月の述懐に偽りはないとしても、彼は美文によって、自分を裁断するしかなかった。他にはこの人の文章がなかったからだ。美文の他によりどころがなかったのである。それでも彼なりの誠実さで胸のうちを明らかにした。随筆という形式がそれを受けとめた。

棋士、呉清源の「棋聖・名人を語る」(二八歳)。いまの囲碁棋士が昔の名人のような「雄渾な作戦も、壮大な計画も」立てられないのは、お互いの技倆が近いので、無理が利かないからなど鋭い洞察を示し、新しいものの見方へ導く。

久保田万太郎「春深く」(三五歳)は、一泊だけの、関東のいなか町の春の旅。おもしろみのない旅だったらしい。なぜその旅が心から消えないかは不明のようだ。随筆には作者にも見えない、大きな影のようなものがかかる。だから読んでいても、読んだあとも深い空気が流れる。文章の世界とつながるひとときを、いつの時代も大切にしたい。

四二編は、何歳のときに書かれたのか。平均年齢をためしに計算してみたら、四五・六歳。このあたりが随筆の書きごろ、読みごろなのだろう。

カバーの絵は、小出楢重「地球儀のある静物」。

金沢猫と黒猫

日本の古典のなかの猫の姿を紹介する、田中貴子『猫の古典文学誌――鈴の音《ね》が聞こえる』（講談社学術文庫）は、学術の本なのに、とても楽しい本である。そこに金沢猫なるものが登場する。日本史で習う、金沢文庫。金沢は正しくは「かねさわ」だが、現在では一般に「かなざわ」とよまれる。鎌倉中期、北条実時《さねとき》が、現在の神奈川県横浜市金沢区に設けた文庫（図書館）だ。その金沢文庫が当時、中国から書物をとり寄せたとき、猫（唐猫）もいっしょに船に乗ってきた。船の中のネズミから、大切な書物を守るために。

「人間でも船酔いしたり、難破の危機に遭うというのに、これらの猫たちはそれを乗り越えて日本へ書を渡したのだ。」

この唐猫は、そのまま土地に溶け込み、金沢猫あるいは「かな」と呼ばれて珍重され、名物に。その伝承は昭和三〇年代のころまでつづいた。金沢猫の特徴は、どうか。背をなでられるとき、日本の猫は、頭を低くして背を高くするものだが、金沢猫は「撫でるに従って背を低くする」。他にも特徴があるらしいが、文献によって異なり、はっきりしない。尾が短いという説もあれば、長いという説も。

いまはもう、姿を見ることができないけれど、日本文化に貢献した猫である。

著者は、上陸した唐猫について記すところで、「唐猫は、久々の陸地に喜んだのか、再び船に乗り込むことをしなかったようである」とし、そのあとで「金沢猫がついに中国へ帰らなかったらしいことがわかる」とも。日本の地に定着した、ということを指すのだが、ぼくはここがとてもおもしろかった。というのは一度日本に来た猫が、また中国に船で戻ることはまず考えられないことだろうし、そもそも行くだの帰るだのを猫が感じとったとは思えないからだ。著者の思いやりというか、あとあとまで思う心の優しさが「帰る」場面を想像させたのだろう。本のなかの、ちょっと手あつい部分に、その本を書いた人の性格や信条がにじみでるものだ。

猫が出る小説で、ぼくが思い浮かべるのは、島木《しまき》健作（一九〇三―一九四五）の「黒猫」（一九四五）だ。亡くなる少し前に、鎌倉で書かれたもので、没後に発表された名作である。これも神奈川県の猫ということになる。

「病気が少しよくなり、寝ながら本を読むことができるようになった時、最初に手にしたものは旅行記であった」という一行から始まる。「私」は、樺太の旅行記に出るオオヤマネコの話などに感動。それからしばらくして、家のまわりに大きな黒い野良猫が現れる。その猫は、堂々としていた。「人間と真正面に視線が逢っても逃げなかった」「いつでも重々しくゆっくりと歩く」。ある夜、どこかの猫が盗みに入る。その音に、妻も母もおどろき、目をさます。あの黒猫ではない、他の猫だろうと「私」は思ったが、騒動がつづいたあと、「私」の母が、猫をつかまえた。風呂場に押し込んで、縛りつけたという。犯人は、あの黒猫だった。「夜あれだけのことをして、昼間は毛筋ほどもその素ぶりを見せぬ」「堂々と夜襲を敢行して、力の限り闘って捕えられるやもはやじたばたせず、音《ね》もあげぬ」。そんな黒猫に「私」は、ひとつの生き物の態度を見る。心を動かされたのだ。

この作品は、戦時中に書かれた。「食物を狙う猫と人間との関係」も変わっていた。人間は食べるものにも事欠く時期。

「何か取られても昔のように、笑ってすましていることが出来がたくなって来ていた。妨害される夜の睡眠時間の三十分にしても、彼女らにとっては昔の三十分ではなかった。病人の私が黒猫の野良猫ぶりが気に入ったからなどと、持ち出せる余地はないのである。」

「私」は家族に、黒猫のいのち乞いをしようと考えるが、思いとどまる場面だ。猫の話を通して時代と人間を真摯に見つめた余韻の深い作品だ。かくして黒猫は、堂々と土に帰った。

「門」と私

夏目漱石の「門」は、明治四三年（一九一〇年）朝日新聞に連載された。暗くて、ひえびえとした小説だが、ひきしまったものを感じる。漱石の作品ではいちばんいいものかもしれない。

下級官吏の野中宗助《そうすけ》。崖の下の借家で、妻の御米《およね》とひっそりと暮らす。夫婦は仲が良い。必要なのは、お互いだけ。「彼等は山の中にいる心を抱いて、都会に住んでいた」。彼は親友の安井から御米を奪って、いっしょになった。罪悪感にいまも苦しむ。ある日、安井の消息を知り、宗助はおびえる。禅寺の門をたたくが、安心は得られない。これが話の大筋である。

できごとは、ひとつだ。安井から、御米を奪う回想の場面。三人で会い、表に出て、海を見る。そのあと、宗助夫婦のたどった道が、抽象的に表現されて、何かが起きたのだとわかる。その前後は、一見単調ともいえる日々の記録だ。

夫婦の会話は、「でも仕方がないわ」「まあ我慢するさ」のように、ありふれたもの。論語に書いてありますね、と話すときも、「うん、書いてある」と答え、「それで二人の会話が仕舞になった」。気になることがあっても、「十分ばかりの後夫婦ともすやすや寐入《ねい》った」。何があっても、寝てしまう。

その日、しのこしたことなどは、そのままに。例のできごとは、ことばの内側に影を落とすものの、夜になれば、眠るのだ。でもそのようすは、なんとも愛らしい。楽しい風景を眺めるときの心地になる。「門」は、ひたすら日常という自然のなかを漂う作品だ。人はみんな同じ、というところを漱石はしっかり書く。「門」のすてきなところだ。

人は、人をどう見るのか。

近所の本多という老夫婦のことは、よく知らない。声を聞くだけ。夫は植木をいじっているらしい。家主の坂井は、けちで、よその子はブランコに乗せないなど、宗助夫婦は、彼らについて、知ることを話す。

でも「その晩宗助の夢には本多の植木鉢も坂井のブランコもなかった」とある。

人はこのくらいしか他の人のことを知らない。多くの場合そのままである。本多さんは植木鉢のままだ。だから、ある日見たこと知ったことがすべてということになる。それでいいのだろうか。それでいいのだろう。日常よりも強いものは、まだ見つかっていないように思う。

最後の場面。今年初めて、うぐいすの声を聞いた人たちのことばも、心に残る。「まだ鳴きはじめだから下手だね」「ええ、まだ充分に舌が回りません」

このうぐいすと同じかもしれない。ひとつとして同じ日はない。その日はいつも初めて。なれないから、いい声では鳴けないし、歌えない。

でも誰もが、そんな一日を愛し、大切にするのだ。「門」を読むと、人はそれぞれ異なる人生ではなく、同じ人生を過ごすことで、結ばれているのだと感じる。いつもより深く、ていねいに、そのことを理解する。

中都会のネオン

「麦と兵隊」「花と龍」などの作品で知られる、昭和期の作家、火野葦平（一九〇七―一九六〇）の小説を読んだのは、中学生のとき。『日本文學全集52火野葦平集』（新潮社・一九六〇）という文学全集の一冊だった。北九州を舞台に、労働者の生活をいきいきと描く作品が多い。火野葦平は若松港で石炭沖仲仕《おきなかし》として働いたこともある。

久しぶりにこの本で「糞尿譚」（一九三七・第六回芥川賞）を読み返したあと、そのうしろに収められている「中都会」（一九五二）を読んでみた。同じく若松港で働く人たちの話である。「中都会」は、若松を指す。

「石炭貨車を連結したり、離したりする金属音が、かんだかくまだ暗い暁闇の空気をふるわせる。マイクを通す現場係の声が、妖怪じみた太い余韻を引いて、街の方までも流れて行く。」

これが書き出しだ。人を書くのか、街を描くのか、どちらともいえない、曇った作品だが、それが「中都会」の味わいかもしれない。

このなかの「マイク」ということばに、ぼくは目をとめた。いわずと知れた外来語で、マイクロホンの略。「音波を電気信号に換える装置」（送話器）のことだが、いまや和語にできないほど、なじみのことばだ。

「中都会」は、四〇〇字詰原稿用紙で八〇枚ほどの中編小説だが、このなかに使われている、「マイク」のような外来語を挙げてみると——。レール・ベンチ・コンクリート・ポケット・カロリー・バロメーター・リヤカー・ボートレース・トラック・マーケット・ゲーム・デパート・ノック・クリスチャン・ビニール・ポマード・ワンピース・パイプ・ハイカラ・レッテル・スパイ・ネオン、くらいのもので、こうしたカタカナ語は、一頁に二つも出れば多いほうである。

以上のことばを見ただけで、この小説のなかみがわかる、とまではいかないが、おおよその雰囲気と、時代が感じとれる。いまから六四年前の日本の現代小説のことばの光景だ。さらに昔のものも見てみることにしよう。

近代日本初の本格的国語辞書、大槻文彦『言海』（一八八九—一八九一）の「す」の見出し語は、数えてみると七六七。そのなかの外来語は、ステエション・ストウブ・スポンジ、くらい。スカートもスタートもスピードもない。なのに、スランガステエン（吸毒石。オランダ人が伝えた薬）が、ポツンとあるのは不思議議。

この『言海』では、およそ二〇〇語に一つ、外来語があるという計算になる。ほぼ百%が和語なのだ。これが明治中期の国語の世界だ。ちなみに福沢諭吉、夏目漱石もこの辞書を愛用した。

それから五〇年余り経過した昭和一八年(一九四三年)の三省堂『明解国語辞典』(金田一京助編)の「す」の見出し語は、一二六七(以下、複合語は除外)。カタカナ語は一八八。15%だ。七つに一つまで増加したことになる。スイッチ・スウプ・スエエタア・スカイ・スクリイン・スタア・スタイル・ストップ・スリルなど、現在も使われることばが登載されることに。さきほどのスランガステエンは、ここで姿を消した。

同じく小型の、現代の国語辞典を見てみる。

『現代新国語辞典』第五版(三省堂・二〇一五)の「す」の見出し語の数は、一二四二。前記の『明解国語辞典』とさほど変わらないが、そのうちのカタカナ語は四一五。その数は七二年前の『明解国語辞典』の二倍強。33%。三つに一つがカタカナ語だ。すさまじい増加。このなかには、スキル・ステディー・ストラップ・スマホ・ホールディングスなど、新しい語も含まれている。このところ、リスペクトとか、コアなどもよく耳にするようになったが、これらもある。

辞典がこのような状況だから、現在の小説の文章にカタカナ語がどれほど氾濫しているかは問うまでもない。火野葦平の「中都会」とは、まるで別世界だ。それでもカタカナ語は、名詞が中心。動詞、助動詞、助詞などに及ぶものは比較的少ないので、日本人の精神そのものがカタカナ語によって大回転したとまではいえない。だがものを指し示すときの意識はずいぶん変わった。早くなったように思う。スピードについていけない人も出る。でも「エグゼクティブ」などという役職名を見ると、どういう人かの理解が遅れる。早くなったり、おそくなったりする。それがいまの状態なのかもしれない。

こうしてみると、長い間使われてきたカタカナ語が愛らしいもの、和やかなもの、頼もしいものに見える。スピード・ネオン・エンジン・トップ・ストップ・コンクリート・マジック・デパート・ベンチ・スターといった語は、時代が変わっても第一線のスターとして活躍。息の長い、みなれたことばに囲まれて過ごすのもしあわせだ。ライト、マジックなどは、二つの意味で使うが、あまり混乱はない。みなれたことばは、どこでもうまく生きるようだ。

「銀の匙」の女性

中勘助の小説「銀の匙」は、前編が一九一三年、後編が一九一五年、朝日新聞に連載され、一九二一年、岩波書店から刊行。以来多くの人に読まれてきた文学作品の代表格。国民的名作といってもよい。現在、岩波文庫、角川文庫、小学館文庫などで読むことができる。

明治一八年の東京に生まれた作者が、子どものときの情景を描く。冒頭の「小箱」の描写。以下、角川文庫『銀の匙』から引用。

「なにもとりたてて美しいのではないけれど、木の色合がくすんで手触りの柔らかいこと、蓋をするとき　ぱん　とふっくらした音のすることなどのために今でもお気にいりの物のひとつになっている。」

そこに入れられた、小さな匙はどうか。

「それはさしわたし五分《ごぶ》ぐらいの皿形の頭にわずかにそりをうった短い柄《え》がついているので、

分《ぶ》あつにできてるために柄の端を指でもってみるとちょいと重いという感じがする。」

繊細な表現がいくつも顔を出す。「ぱん」という音、「ちょいと重い」の表現など。子どもの「私」の感覚は、他人つまり相手のようすを見つめるときにも、きらめく。たとえば大好きな伯《お》母《ば》さんと遊ぶところ。山崎合戦の場面だ。「私」は加藤清正、伯母さんは四《し》王天但馬守《おうてんたじまのかみ》である。「四王天か」「清正か」と声をかけあった、そのあと。

〈大立ち回りのすえ四王天は清正がいいかげんくたびれたころを見はからって

「しまった！」

とさも無念そうにいってばったりと倒れる。〉

〈四王天が顔をしかめてこらえながら目をつぶってぐにゃりと死んだふりをすればひとまず勝負がつくことにきめてあったが、雨の日などには七、八ぺんもおんなじことをくりかえして、しまいに四王天がひょろひょろになるまでやらせた。伯母さんは

「まあどもならん　どもならん」

と泣き声をだしながらもあきてやめようというまではいつまでもやってくれる。どうかすると伯母さんはあんまり疲れて首を切られてしまってもなかなか起きあがらないことがある。そうすると　ほんとに死んだんじゃないかしら　と思って気味わるわるゆりおこしてみたりした。〉

「私」と遊びつづける伯母さんは大変だけれど、とても楽しそうだ。二人は何年もあと、会う

ことになる。伯母さんは年老いていた。体もよわっていた。

〈「伯母さん　わかりませんか。□□です」

といったら
「え」

といって縁先へ飛んできてしばらくまたたきもしずにひとの顔をのぞきこんだあげく、涙をほろほろとこぼして
「□さかや。おお　おお□さかや」

と言い言い自分よりはずっと背が高くなった私を頭から肩からお賓頭盧様《びんずるさま》みたいになでまわした。そうしてひとが消えてなくなりでもするかのようにすこしも目をはなさず〉……

少年加藤清正と、老いた四王天。二人の再会である。

「銀の匙」で深く心をとらえるのは伯母さんの姿だ。人間の愛情とは、その美しさとはこのようなものだと教えてくれる。

では、この伯母さんは「私」と、どんな関係にある人なのか。血縁なら、どういうつながりか。それとも……。この女性と「私」のかかわりは、作品のなかに、はっきりと記されていない。また、一般に目にする範囲での話だが、このことについて書かれた解説、あるいは指摘する文章を、ぼくは一度も見かけたことがない。語句や事柄のひとつひとつに、過剰なほど懇切な小学館文庫

の「注」でも、この件には一切ふれていない。ささいなことかもしれないが、これはとても不思議なことであると、ぼくは長い間思ってきた。作品の本質にかかわることではないとしても、それを知りたいと思う読者もいていい。また、作者はどうして、そのような書き方をしたのかについても考えてみたい。それは「銀の匙」の世界をより深く知ることでもある。

とはいえ、もう少し伯母さんのことを知りたい。ぼくがそんな気持ちになるのは、「銀の匙」の「私」と同じように、この女性のことをいつまでも忘れたくないからだと思う。

正宗白鳥の筆鋒

文芸批評の先覚、正宗白鳥（一八七九―一九六二）の主要作三五編を、坪内祐三が選んだ。題して、『白鳥評論』（講談社文芸文庫）。どこを開いても、感興のある一冊だ。

広津柳浪「黒蜥蜴《くろとかげ》」、小杉天外「陣笠」、加能《かのう》作次郎「世の中へ」、小山内薫「西山物語」など昔の作品がつぎつぎに登場。あらすじも書かず、これはいい、あれはどうもと記す。知らない読者はまごつくが、手がかりのないものにも感じとれることはある。それが本来の読書の姿だろう。一場面だけでもいい。そのまわりに何があるかなど考えずに読んでみたい。「島崎藤村の文学」の一節。

「藤村氏は、簡素な生活に、味わいの深そうな意味を見つけて、それを尊いように取り扱っていた。」

この「深そうな意味」は「深い意味」とは、少しばかりちがう。「尊いように」は「尊いものとして」などではない。こまかいところにも批評の意識がみてとれる。人の心にはこのような区別を必要とするものがある。この一節にとどまり、あれこれを思って何時間かを過ごす人もいるはず。こういう文章を文章というのだろう。

次は「岩野泡鳴」より。泡鳴は、樺太でのカニの缶詰製造業も失敗。気が多く、思慮が浅い人。〈「詰まらん坊」（近松秋江の泡鳴評）とも思われる所以で、含蓄を志している藤村氏と非常に異なっているのである。〉

この「含蓄」に「志している」を添えるのもおもしろい。

このあと正宗白鳥は、「漱石作中の会話が巧みであるとともに、作られたわざとらしさと、もどかしさを感じさせる」のとは異なり、泡鳴の会話には妙味があるという。泡鳴の作品は「芸術として欠点だらけであるにしろ、人を動かす力は、明治文学中の何人《なんぴと》にも劣らない」。ぼくが思い出すのは、泡鳴五部作のひとつ「憑《つ》き物」。好きでもない女といっしょに、札幌の豊平川の鉄橋から落ちて死のうとするが、川床の根雪に当たって失敗。櫛《くし》を落とした女は、安物の櫛なのに、男に「探して来い！」と叫ぶ。心中を図った人とも思えない会話だ。これが泡鳴の真骨頂。

さて、いま引いた正宗白鳥の文には作者名、作品の外形が示されるだけで、小説の技術的な批評はほとんどない。なのに、これだけの一節で藤村、漱石、秋江（泡鳴を「詰まらん坊」といいきる表現もみごと）、泡鳴の姿、生き方が眼前に躍り出る。簡潔な表現が、人生の風景へとみちびくのだ。

主人公の名前も、あらすじも書く必要はない。目の前の人に話すように書く。それが正宗白鳥の批評の基本姿勢だ。今日の批評家は長い文章を書く。知識、情報、解釈。それらしく見えるけれど、よく見ると、実は何ひとつ書かれていないことが多い。ほんとうの批評は少しのことばで十分だ。その一点でも「白鳥評論」にまさるものはないように思う。

ふと思い出したというふうにつづるときも、いいことばがある。たとえば、さきほどの「島崎藤村の文学」のなかで。

徳田秋声「足迹《あしあと》」、藤村「春」など、大衆性はなくても、明治文学史に光を放つ長編の多くは新聞に連載されたものだ。「当時の新聞は、自分で意識しないうちに」文化に貢献したと、正宗白鳥は振り返る。

「大上段に大刀を振り翳《かざ》している時には、案外、内容のある何をもし遂げていないので、黙っていて、自分でも気の付かない間に、意義ある実蹟を残していることが、世間によく有り得るのである」。いい見方だ。読む人のそれぞれの場所に、かかわる。ひびく。そういう文章を正宗白鳥は書いた。

城の町にあること

梶井基次郎（一九〇一―一九三二）はほぼ無名のまま、三一歳の若さで亡くなったが、その短い生涯に「檸檬《れもん》」「冬の日」「闇の絵巻」など珠玉の短編を書いた。生前の著作は『檸檬』（一九三一）の一冊。没後の作品集は『城のある町にて』（一九三九）と『愛撫』（一九四八）。一般に読まれるようになるのは、一九五〇年に新潮文庫『梶井基次郎集』が出たあたりからのようだ。以後、角川文庫『城のある町にて』（一九五一）、岩波文庫『檸檬・冬の日 他九篇』（一九五四）、新潮文庫『檸檬』（一九六七）、旺文社文庫『檸檬・ある心の風景 他二十編』（一九七二）、講談社文庫『檸檬・Kの昇天ほか十四編』（一九七四）、ちくま文庫『梶井基次郎全集 全一巻』（一九八六）、集英社文庫『檸檬』（一九九一）、280円文庫『檸檬』（二〇一一）の順。こうしてみると、最近の本のタイトルは、一般に人気の「檸檬」が多いようだ。

角川文庫は『城のある町にて』から始めたが、そのあと『檸檬・城のある町にて』（一九八九）

に変わり、二〇一三年六月の改版で『檸檬』に。これによって「城のある町にて」は、すべての文庫の題から姿を消した。もちろん「城のある町にて」という作品自体は、いずれの文庫にも収録されているけれど、この作品の印象が弱まったのは事実である。

「城のある町にて」は「檸檬」の一カ月後、一九二五年二月、雑誌「青空」に発表された。「檸檬」が直線的に進むのに対し「城のある町にて」は曲線的。あちらこちらへ揺れながら進む。書き方は散文詩に近い。とりとめのないもの、詩的なものを好まない読者には不向きかもしれない。

三重県の松阪が、舞台。夏の終わり、姉夫婦の家に滞在する「彼」峻《たかし》は土地の人びと、風景にふれあう。「一つには、かわいい盛りで死なせた妹のことを落ちついて考えてみたいという若者めいた感慨から」、「この地の姉の家へやって来た」。

城跡に向けて歩く。「白堊の小学校。土蔵作りの銀行。寺の屋根。そしてそこここ、西洋菓子の間に詰めてあるカンナ屑めいて、緑色の植物が家々の間から萌え出ている」。ここでは「カンナ屑めいて」という形容が光る。次は、子どもの情景。

「蟬取竿《せみとりざお》を持った子供があちこちする。虫籠を持たされた児は、時どき立留っては籠の中を見、また竿の方を見て、小走りに随《つ》いてゆく。物を云わないでいて変に芝居のような面白さが感じられる」。こうして見るもの、出会うものが独得の感覚で切り取られる。

別の日には、芝居小屋でのあやしげな手品を、また別の日は、原っぱで子どもたちの不思議な遊びを眺める。「変な切符切りがはじまった。女の子の差し出した手を、その男の児がやけに引っ張る。その女の子は地面へたたきつけられる」「男の児が手を引っ張る力かげんに変化がつく」。城のそばの井戸では、若い女の人が二人、洗濯。水のある美しい光景に、子どものとき国定教科書でならった歌が浮かび、そこから「新鮮な想像」をめぐらす。

そのあとは、子どものときの思い出。寝るとき、うつぶせになり両手で墻《かき》をつくり、「敷布の上の暗黒のなかに」牧場の生き物を思い浮かべる。「田園、平野、市街、市場、劇場、船着場や海。そういった広大な、人や車馬や船や生物でちりばめられた光景が、どうかしてこの暗黒のなかへ現われてくれるといい。そしてそれが今にも目に見えてきそうだった」。

夢のように思えるが、夢ではない。何かそれ以上に、心を引きとめるものがある。それで、ぼくはいつもこれらの文章を、近くで、また少し目を離して読み、このときの他では得られないひとときにひたっているのだ。こうした文章は、実際の意味やかたちを求める人には、はっきりとしたものとならない。ずっと、そうならない。それで、「城のある町にて」は少しずつ遠ざけられていくのかもしれない。遠くに置かれるものには、これからは手にできないもの、というものがあるように思う。いまの人間の目、これからの目について感じさせる。それが「城のある町にて」という作品である。

源泉のことば

高見順（一九〇七―一九六五）の『わが胸の底のここには』は、戦後の著者の長編第一作だ。出生から府立一中時代までを描くこの自伝風の作品は、世代の別なく、これを読む人の子どものときの気持ちとつながるところも多い。自分の姿を初めて見るような楽しみも与えてくれる。文庫になるのは、今回が初めて。

著者没後五〇年の年に刊行される、高見順の最新刊である。

「或る魂の告白」と題された長編の第一部『わが胸の底のここには』は終戦の翌年、一九四六年三月から一九四七年一二月にかけて「新潮」ついで「展望」「文体」に「その一」から「その九」を発表したところで休止した。以上九章分は『高見順叢書Ⅰ』（六興出版社・一九四九）、『わが胸の底のここには』（三笠書房・一九五八）、『新選現代日本文學全集20高見順集』（筑摩書房・一九五九）、『高見順文学全集』第二巻（講談社・一九六五）に収められた。

中断のあと再開し、「その十」から「その十三」を一九四八年から一九五〇年までに「文体」「人間」に掲載。この続編を合わせ、「その一」から「その十三」の全編が『高見順全集』第三巻（勁草書房・一九七〇）、『現代日本の文学24高見順集』（学習研究社・一九七〇）に収録された。以降この講談社文芸文庫が出るまで、全編を収めた書物はない。

なお、そのあとに書かれた「或る魂の告白」の第二部「風吹けば風吹くがまま」（一九五一―一九五七）は五章分を掲載したところで止まり、未完となった。それにより『わが胸の底のここには』は、完結した一編の長編作品として残された。

『高見順日記』第六巻（勁草書房・一九六五）によると、高見順の戦後第一作は、短編「草のいのちを」である。日記では「三十二枚」と記されている。『わが胸の底のここには』執筆開始に先立つ一九四六年二月、「新人」（荒木巍《たかし》の編集）という文芸誌の創刊号に発表された。この作品は『わが胸の底のここには』の陰になり、久保田正文が注目するまでほとんど知られることがなかった。「素手でつかんだ、なまなましい原色の戦後」（新潮社『日本文學全集49高見順集』一九六三・月報）、「はじめて私は、もっともよく響いてくる戦後をそこに実感した」（前記『高見順文学全集』第二巻・解説）と、久保田正文は記す。

終戦の年の一二月、復員した兵士や若い男女が一軒の家に集まる。玄関の三和土《たたき》には、はきものが散乱。みんな競うように語りあう。表情は明るい。伸びやかな歌声もひびく。終戦直後の日本の新しい空気をこれほどみごとに描いたものは他にはないと、ぼくも思った。この作品は『草のいのちを』（講談社文芸文庫・二〇〇二）に収められた。

「草のいのちを」は、「われは草なり／伸びんとす／伸びられるとき／伸びんとす」という「詩のようなもの」を歌い出すところで終わる。のちにこの詩は「われは草なり」の題で教科書に載り、子どもたちに親しまれることになる。戦前の名作『故旧忘れ得べき』（一九三六）の最後は、みなで「蛍の光」を歌う。「歌うというより口をあけて胸のモダモダを吐き出すような侘しいヤケな歌声であった」。だが『わが胸の底のここには』では、歌では終わらないもの、感傷的でないもの、ほんとうの意味で新しい自分にふさわしいものを書きたいと願ったのかもしれない。この長編は、高見順の戦後文学の起点となった。それは自己確認から始まる。

四〇歳になった「私」は、「呪わしい挫折感に貫かれた突然の老衰」を感じる。「この奇怪な老衰から救われたい」「私は己れを語ろうと決意した。私は何者だろう？　私はどんな人間だったろう？」。そこから「私」は、子どものときの姿を克明に語り出す。過去に立ち返り、自分という人間の姿を見つめるのだ。

高見順は、北陸の港町で、私生児（作品では「私生子」）として生まれた。一歳のとき、母親と上京。母親は針仕事をして息子を育て、その成長を見守った。高見順は生涯、父と会うことはなかった。出生にまつわる特殊な事情を中心に「秘密」の告白はつづく。

友だちからは、私生児は府立中学には入れないといわれる。源義経の出生の事情が漢文（「日本外史」）の時間に読まれることを予感して、その日の学校を休んだことも。母親の仕事の「おとくいさま」岡下家の「坊ちゃん」とのおつきあい。一中、一高、帝大というコースで息子の「立身出世」を願う母親。子ども心に刻まれた一連の出来事は「私」を翳らせる。

「子供のくせに変にお行儀がよく、大人の顔色ばかりうかがっている」「暗い心を持った陽気な中学生」は、武者小路実篤の文章に励まされるなど読書と交友を通して、芸術へのあこがれを抱くようになる。「成績もあまりよくない」友だちと、こっそり「ノコ焼」（亀の子焼の異称）を食べに行ったのは、楽しい思い出のひとつ。でも終始心をとらえるのは、不幸な星の下に生まれた自分のことだ。

著者は書き始めてまもなくのところで、このような告白をつづけることに意味があるのかと自分に問う。「老衰は書けないことのうちに現われるだけでなく、すらすらと書けることのうちにも現われるのである。彼の精神の成長がとまって、小説技術のみが残り、――ある場合は、技術というよりは、習慣だ。――そうして、彼が書くのではなく、習慣が彼を書かせる」。この「習慣」はいまや大多数の作家に見られるが、この「わが胸の底」で意識されたものかもしれない。

暗い空気の漂う作品と思われるのに、読むとそうでもない。移植した「お天神さま」の梅の木を、母親はとてもだいじにする。それに疑問をもつ「私」も、帰ってくると梅の木に水をやり、ちにある。

「――早く大きくなれ」。目の前のものにかけよる。吸いつく。そんな子どもらしい情景があちこちにある。

府立一中に入ったとき、古本屋で。「私」のそばで、どこかの中学生が店の人に、「もっと新しい版の無いかい。修正と上についた奴……」という。このひとことを聞かなかったら、危くちがう本を買うところだった。こうして少しずつものごとを知る。これも十代である。

級友・坂部が、一高、帝大コースをとらず、美術学校に進学すると聞いたとき。「誰も行かない美術学校へ自分だけ一人で行くという勇気ある決断」に、「私」の「立身出世」願望は動揺する。人とはちがうことを、早くからできる人は子どものときからいるものだ。彼だけは、人生の大切なことを知っているのではないか。そんな思いにとらわれるものだ。こうしたことは子どものときにいくつもある。そのたびに心がさわぐ。ひとつひとつが大問題。だからどの人にも十代は長く、長く感じるのだろう。

夏休みの勉強で、古文を読む場面。「徒然草」に赤線を引きつづける。

〈「透垣」――赤線。読み方「スイガイ」。荒く編んである垣。その「たより」――赤線。工合。こしらえ方もおかしく、面白く、「うちある調度」――難しいぞ。ふーん。家にある道具、何気なく置いてある家の道具も昔おぼえて、昔がおもわれて、安らかなるこそ……安心している、調和している、あたりと調和しているのこそ「心にくし」――赤線。ゆかし。ゆかしく見える。

赤線で真赤に成ってしまった。もう一度、読み直し。「今めかしく」……。

ああ疲れた。〉

このような学習の経験は誰にもある。でもどうして「徒然草」の話になったのか。どこから脇道にそれたのか、読んでいても気づかない。いつのまにか向きを変えて、のびのびと語りをひろげる。ちいさな舟が水上を漂ううちに、新しい水路を見つけてしまうように。いつのまにか、ひろい場所にいる。そんな楽しさも、この作品の魅力だ。

小学校の卒業記念にもらった『言海』が好きだという。「猫」を見ると、「人家ニ畜ウ小キ獣、人ノ知ル所ナリ、温柔ニシテ馴レ易ク」「形虎ニ似テ、二尺ニ足ラズ、性睡リヲ好ミ、寒ヲ畏ル」。ちなみに現在の国語辞書を見てみると、「猫」は、「ネコ科の哺乳動物。昔から家に飼われている小型のけもの」といったところ。精確だがそっけない。近くに寄って猫の顔をよく見ると、「虎だ！」とぼくも思うので、『言海』の説明はとてもいいと思う。「川」については「陸上ノ長ク凹ミタル処ニ、水ノ大ニ流ルルモノ」。いくらか科学的ではないなと思いつつも、「大いに流れるもの」を思い描くと晴れやかな気分になる。こんなことばがかつての子どものそばにあった。子どものまわりを彩っていたのだ。

府立一中、朝の全員集合の合図はラッパ。「専任の喇叭卒《らっぱ》」がいた。「喇叭を吹くだけが唯一の役目の、軍隊の喇叭卒上りのその老人の姿は、少年の私の眼にもひどくうら悲しいものとして」

映る。「その喇叭手は、その人の特におとなしい無口の性質からでもあったろうが、ひとりだけポツンと離れた感じで、誰からも、軽蔑とまでは行かなくても無視されていた。……」。そのもの悲しさは「私生子」の「私」のものでもあるけれど、ポツンといる喇叭手のようすは、それはそれでひとつの人の世界であるというふうにとらえていく。このように『わが胸の底のここには』は、いまは失われたことばや人影にもふれるのだ。

幼いとき、「私」が女の子のようなかっこうをさせられるのは、「悪魔が軒先から覗いた時、女の子はつまらないと素通りするという迷信」を母親が信じているためだ。他にも当時の迷信や習俗が出てくる。こうした風俗描写は、お蛙さま、お狸さま、お狐さまなどをまじえて、長編『都に夜のある如く』（一九五五／文春文庫・一九八五）に引きつがれることになる。

表現の面でも、他の作家にはない特徴があるように思う。

「人間がそのなかで生きてきた歴史、人間がそのなかで生きている地理」。シンプルだが、歴史と地理の定義として的確だ。「人間が点だというより、この私が点だということなのかもしれなかった」。「いずれも恥の思い出である。言いかえると私の傷つけられた思い出で、私が他人を傷つけた思い出ではない」。詩でも「われは草なり／伸びんとす／伸びられるとき／伸びんとす」（「われは草なり」）というように、ことばの反復が特徴的だ。

高見順の文章は、簡明だ。ことばを飾らない。だいじなところでは、数少ないことばだけをつかう。それらを向きあわせたり回転させたりして進む。文の節理が、とてもきれいだ。通常の作家が文章なら、高見順は文法で表現する。文法を支点にして、世界を切り開く人なのだと思う。文章は特殊な能力を必要とするけれど、文法は誰もがつかえるし、さわることができるので、庶民的なものだ。すこやかなものである。高見順のことばは、この先の文学にとっても大切なものだと思う。

子どものときは「人生への関心」であり、「現実への関心」ではないとしながら、「その時代に生きた少年の心に、世相としての影はやはり投ぜられていた」。

たとえば小学校のころの、子どもの家の職業について。「魚屋の子であり、小間物屋の子であり、また弁護士の子であり、地主の子であったが、それが間もなく、それまでは稀だった町工場がこの山の手の町にもあちらこちらと出来てくるにつれて、職工の子、工場労働者の子というのが小学校に現われ出した」。これは大正初めの資本主義「発展の姿」だが、歴史書を読む以上に鮮やかな画像が浮かぶ。

「普選案」(普通選挙導入を求める選挙法改正案)が議会に上程されると「平民宰相」が反対し、「平民」の反感をかう(宰相の弟の家も、母親の「おとくいさま」)。白樺派の作家から大杉栄へ、青年たちの関心が移るようすや、大正一一年という一年の間に、「ファシズムとコムミュニズムとの現実的基礎が相次いで築かれた」ときの感慨も、それぞれ歴史の流れを感じとらせる。こうした観察は、子どものときに行われた面と、この作品を書く時点で加えられた面がある。でも子どものときに下地となる観察が行われなければ、このような文は生まれにくい。

高見順が自分のことを書くとき、社会にふれる。社会について書くときは、自分に通じていくようだ。自分も社会も見えないときは、そのとき心に浮かぶことを書いていくと、「私」でも「社会」でもない不思議な領域に入っていく。そこには、これまで見たことのないおかしなもの、美しいものがあるのだ。書いている人と読む人が隣りあって何かが現れるのを待つ。そんな、いい空気が生まれる。それが高見順の世界なのだと思う。小さいときから、さまざまな感情を経験したこともかかわっているだろう。

こういう自在な「社会的」感性を展開できるのは、この作家の他にいないかもしれない。日本文学屈指の名作『いやな感じ』(一九六三/角川文庫・一九七四、文春文庫・一九八四)では、その感性が嵐のように吹き荒れ、これまでの文学にない新しい情景が生まれた。『わが胸の底のここには』は、その源泉となった作品のひとつなのだと思う。

この作品の最後は、関東大震災の情景。おとなたちの話に聞き入る「私」の姿だ。

〈私は大人たちの間に一人前の顔を突き込んで、その会話に耳を傾けていた。大人たちの軍隊讃美に同感だった私は、いや、恐らくその大人たちも、この関東大震災の際の軍隊の威力なるものが、のちの軍閥擡頭の因を成し、やがてそれが無謀な戦争へと導かれて行ったことに、その時

は少しも気がつかなかったのである。〉

まだ子どもなのに、おとなの話に首をつっこむようすは、なんとも愛らしい。これはこれで人として自然な、大切なこと。いくつになっても変わらない。何かが起きたとき、おとなもまた、人の声、物音に耳を澄ますのだ。そこでものを知り、もの思いの種を育て、自分という人間を実らせていくのだろう。その過程を身を切るように痛切に、明快に、印象深く映し出す。それが『わが胸の底のここには』という作品である。

白楽天詩集

平凡社ライブラリーから、一冊を選ぶと、『白楽天詩集』（武部利男編訳・一九九八）。白楽天の主要な詩を、かなだけで訳したものだ。

固有名詞はカタカナ。それ以外は、すべてひらがな。こちらが感じる以上に、ひとつひとつの詩のようすが伝わる。ようすがあるだけではない。そこに詩が「ある」のだ。「ジンヨウの　たかどのにて」という題の詩の冒頭。

いつも　すき　トウ・エンメイ
ぶんがくの　たかく　ゆかしき
いぶかしや　イ・オウブツ
うたごころ　きよく　のどやか

先人の姿を思い浮かべ、詩作への夢をつづる一編だ。もとの漢詩には「いつも　すき」「ぶんがく」「いぶかしや」に対応する語はすぐには見つからない。これらの語は詩の深みをとらえ、時間をかけて選ばれたことばである。それなのに軽やかで明るい。光がさしてくる心地になる。原詩のだいじなところを刻々と明示する。そういう空気だ。

「いつも　すき」「ぶんがく」「いぶかしや」とつづくと、わかるところもわからないところもとけあって楽しくなる。そしてなにごとにつけ、こちらがしっかりとものを見ることができるような新しい「状態」にしてくれるのだ。うれしいことだ。詩のなかに、ほんとうに詩がある、と思うのだ。これは「翻訳の詩」にはまず見られない情景である。どこが詩なの、という詩が「翻訳の詩」には多い。日本語にしたとき、そこに詩がなくてはならないのだが、詩として味わえる「翻訳の詩」はまずないといってよいのである。

一字をあける「わかちがき」の呼吸も美しい。「としの　くれ」の一節。

さむい　かぜ　かお　はりさける
こおる　ゆき　くるま　くだける

この「くだける」という語の選択も位置も絶妙だ。また別の詩の「うぐいすが　しろで　さえずる」の「しろ」は、城のこと。ぼくは最初、「白」かと思った。ひらがなにするとこうしたところが「くだけ」やすいのだが、それも詩のひろさ、ゆたかさである。というわけで、詩のなかに詩があるという詩の最大の要点が、この一冊のなかに示されているように思う。ハク・ラクテンししゅうはこれからもたいせつなこてんである。

光り輝く

小学六年のとき、『源氏と平家の戦い』を買って読んだ。『少年少女日本歴史全集』（集英社・全一二巻）の第四巻だ。

そのあと、第五巻の『南北朝の悲劇』も読んだ。そこには、若くして亡くなった護良親王（一三〇八―一三三五）が登場する。よみかたは「もりなが」しんのう。ところがおとなになってから読んだ本では「もりよし」しんのう、となっていたので、とてもおどろいた。現在では「もりよし」を採ることが多いが、「もりなが」と併記する教科書もあるようだ。

三〇歳を過ぎてから、『日本史探訪』全二二巻（角川文庫）の何冊かを読むことになる。これはNHKテレビで放送された「日本史探訪」「新日本史探訪」をまとめたもの。歴史学者だけではなく作家や評論家などもまじえた対談形式で、歴史を語る。話しことばなので読みやすい。

たとえば第五巻『藤原氏と王朝の夢』（一九八四）は、全一〇章。菅原道真、藤原道長、紫式部など王朝期の人物篇。おもな対談は次の通り。

「平将門」——大岡昇平・赤城宗徳。大岡昇平は「野火」「事件」などで知られる作家。赤城宗徳は当時、衆議院議員で官房長官もつとめた人。『苦悩する農村』『平将門』など、歴史著作も多い。よくテレビに映る政治家が、歴史学者でもあると知り、おどろいたことを思い出す。

「紫式部」——中村真一郎・円地文子。ともに王朝期に詳しい作家。円地文子には『源氏物語』全訳（新潮文庫・全六巻）がある。

「八幡太郎」——檀一雄（作家）・渡辺保（歴史学者）。

「西行」——紀野一義（仏教伝道者）・山本健吉（文芸評論家）。

今回読みなおして、さらに興味がました。これまでは歴史に詳しい各界の人たちの話から「知識」をもらうという感じだった。「伝わりにくい」ものをどう伝えているか。そこに重点をおいて読むと、新しい発見があるのだ。

「信西入道」を語るのは、会田雄次（西洋史学者）と、村井康彦（歴史学者）。信西入道（藤原通憲）は鳥羽院近臣。政務の中枢で権力をふるったが、平治の乱で没した。

会田雄次は、当時の宮廷の状況を次のように語る。

「古代ですね、平安朝までの日本の中央政府というものは、どうしてそういうものが成立したかむずかしい問題ですけれども、わずか数町の壁に囲まれた朝廷権力の座——視覚的にいえば御所、そこに権力の中枢が全部あって、絢爛として光り輝いていた。それは武力でもなければ、何か権威でもないような、といって知力だけでもないような、不思議な政権だったと思われますね。民衆の支持とか武力といった基盤がはっきりあるのではなく、ただ光り輝くだけで存在しているような不思議な政権です。」

その「貴族の時代」から、「武士の時代」へ。それがこの一冊の歴史のなかみ。

「ただ光り輝くだけで存在しているような不思議な政権」という表現は、鮮やかである。まわりは深い古代の闇。なのに、ほんの一角だけ灯りがつき、少数の人たちが権力を「光らせて」いるようすが、リアルに伝わる。「それは武力でもなければ、何か権威でもないような、といって知力だけでもないような」という前の部分からたどりなおすと、さらに「不思議な」世界が迫ってくる心地になる。

この時代の通史は、現在刊行の文庫、新書に限っても名著、労作がある。土田直鎮『王朝の貴族』（日本の歴史5・中公文庫）、大津透『道長と宮廷社会』（日本の歴史6・講談社学術文庫）、新刊では古瀬奈津子『摂関政治』（シリーズ日本古代史6・岩波新書）など数多い。だが、精細な記述をもってしても、後世の人がもっとも知りたい、その時代の「基本的な像」が伝わらないこともあるだろう。王朝の空気を実感させる会田雄次のことばは、いまも輝く。

壁の線

『イワン・デニーソヴィチの一日』は一九六二年に発表した、ソルジェニーツィン（一九一八―二〇〇八）の代表作。全世界に衝撃を与えた。第二次大戦従軍のあとスターリン批判をしたかどで逮捕され、強制収容所で八年の刑に服す。その体験の記録だ。カザフの特別収容所では雑役夫、石工、鋳工として働いた。

このあと、一九六八年「煉獄のなかで」を国外で発表。一九七〇年、ノーベル賞受賞が決まった後、大作『収容所群島』を刊行。ソ連体制の暗部を描き、ソ連崩壊を予言。逮捕、収監。国家反逆罪でソ連市民権を剝奪された。一九七四年、国外追放となりアメリカへ亡命。ソ連崩壊後の一九九四年に帰国。母国ロシアで亡くなった。多くのロシア人がその死を悼んだ。戦争とたたかい、政治と戦った人である。一九世紀ロシアの文豪、ドストエフスキー、トルストイを継承、二〇世紀のロシア文学復活をもたらした。

『イワン・デニーソヴィチの一日』は現在、新潮文庫、岩波文庫で版を重ねる。以下、新潮文庫、木村浩訳より。どんな作品か。ひとことでいうと不思議な感動を与える傑作だ。これがあの名作かと、拍子ぬけするくらい、「ふつうの感じ」の文章でつづられているからである。

収容所の、非人間的な実態。食べ物もろくに与えられず、酷寒（マローズ）のなか過酷な労働をしいられる囚人たちは、つねに死と隣りあわせ。元農民の兵士イワン・デニーソヴィチ・シューホフの、ある「一日」が淡々と描かれる。起床、点呼、現場作業、食事風景、また点呼。就寝までの長い、つらい一日。のりきるためには「足もとだけを見て暮せばいいんだ。そうすりゃ、おれはなんで引っ張られたのか、いつになったら出られるのか、なんて考えてるひまはない」。

食べ物にありつけることがすべて。

「食べるときには、食べ物のことだけ考えればいいのだ。このちっぽけなパンをかじっているように。先ずちょっぴりかじったら、舌の先でこねまわし、両の頬でしぼるようにするんだ。そうすりゃ、この黒パンのこうばしさよ。」

過酷な状況に耐えるには、このように感じて生きていくしかない。いっぽうでこんな場面も。

ブロック積みの作業をさせられ、やっと終わった。

「しかし、シューホフは、たとえいま護送兵に犬をけしかけられたとしても、ちょっとうしろへさがって、仕事の出来ばえを一目眺めずにはいられなかった。うむ、悪くない。今度は壁へ近づいて、右から左からと、壁の線をたしかめる。」

作業中止といわれても、ちょっと自分の仕事のできばえを振り返る。シューホフはそんな人でもある。この場面がぼくにはとても印象的だった。

収容所には、ソビエトのさまざまな階層の人たちがいる。いつも、なにをするときもいっしょのエストニア人ふたり、威厳を示す古参の老人、元官僚、バプテスト信者、元富豪、辺地の農民……。ソ連社会の矛盾が浮かび出る。「一度出た古い月は、どこへ行くんだ」「おれの村じゃな、古くなった月は神さまが星にしちまうんだ」というようなユーモラスな対話もいくつかある。でも事態はきびしい。夜が来た。一日が、終わる。

「きょうはすばらしい一日だった」「このまま眠ってしまうのも惜しいような気がした」「きょう一日、彼はすごく幸運だった。営倉へもぶちこまれなかった。どうやら、病気にもならずにすんだ」「一日が、すこしも憂うつなところのない、ほとんど幸せとさえいえる一日がすぎ去ったのだ」。

収容所はいいところだ、といっているわけではむろんない。底ぶかい怒りがある。極限状況でも「生きる」ことを選ぶ、人間の力づよさも。文学でしか描けない人間の光景だ。このような状況は過去のものではない。政治の、あるいは時代の、非人間的な力におしつぶされて過ごす人たちはいまも、このあとも多い。人間の「一日」はつづく。

タルコフスキーの小説

アンドレイ・タルコフスキー（一九三二—一九八六）は、映像美の極致「ノスタルジア」（一九八三）で知られる映画監督。第八作「ホフマニアーナ」は、その死によって制作が実現されなかったが、タルコフスキーの脚本は残った。それが本書『ホフマニアーナ』（前田和泉訳・エクリ）である。「幻の映画」から生まれた散文ということになる。

主人公は、ドイツ・後期ロマン派の奇才、E・T・A・ホフマン（一七七六—一八二二）。東プロイセン生まれ。楽長、作曲家として各地を放浪し、現実と空想が溶け合う、特異な小説を書いた。童話「くるみ割り人形とネズミの王様」（バレエ音楽「くるみ割り人形」の原作）や、夏目漱石の「吾輩は猫である」にも影響が及んだ大作「牡猫ムルの人生観」（深田甫訳『ホフマン全集7』創土社・一九七五）も書いた。

後年は、昼は大審院判事、夜は作家の二重生活。気の休まることのない波瀾の生涯だった。

『ホフマニアーナ』は、その後半生をつづる。

「ホフマン」「モーツァルト」「シュパイアー医師」「ホフマンの分身」など、全一四章で構成。ホフマンの家族、友人たち、愛する女性ユリア・マルク、さらに「騎士グルック」などホフマン作品に出た人たちも登場。人妻とともに湖畔でピストル自殺した天才作家クライスト、敗北直前のナポレオンの姿も。

脚本は、まずは「ト書」で人物の動きや状況を示す。第一章「ホフマン」の初めには、「誰かがホフマンを馬車に乗せて運んでいる。滑らかな振動。誰かの腕が彼の肩を支えている」と、「ト書」風だが、それは一部だけであり、全体は、通常の小説の体裁と変わらない。たとえば、数分前の自分の姿が鏡に映る場面。

「鏡の中の私は、自室から、今私が座っている肘掛椅子とテーブルの置かれた小さな広間までの道を、先ほどの私と同じように辿ってやってきた。とうとう鏡の中の私は、今の私と同じく肘掛椅子におさまり、何の変哲もないごく普通の鏡像となった。」

幻想的な部分も、文章は穏やか。まだ出会う前なのに姿を現わすユリア、歌劇場の火災、気球に乗った思い出など、普通なら強調してよいところもペースは同じ。平淡、明快に書く。ぼくはそこがすばらしいと思った。映像を想定した文章だから、これをもとに演出がなされることを見越してのこと。でも一編の中編小説としてみて、映像を必要としないくらい完成度が高い。

作品中のホフマンは、「あなたは人間らしい姿をなくしかけているわ」と妻ミシャにみられるほど生気がない。「ねえテオドール、僕はいったい何者なんだ？」と、友人にたずねたりする。心身ともに疲れはてているのだ。自分が創作した人たちを頼りにするのもそのあらわれ。でも「日曜に生まれた子供は、他の人たちには見えないものを見ることができるんだ」と、病床からいう。思索に集中したり、幻を見る一瞬には、強い目の光がある。

ほぼ時系列だが、章と章との間に距離があり、連続しない。一四の切れはしをこちらは手にとる。でも人にとってそれは自然なことだ。感じるときも知るときも、他のこととは切り離しているものだ。ホフマンが最後の章で、気球から地上のユリアのうしろ姿を見かけるところは胸にせまる。きれぎれに書かれているからこそ感動を高めるのだろう。すべてをこまかく書き、余白がないほどことばでうめつくす現代の小説にはこのような奇跡は起こらない。散文の理想のかたちがここにあるように思う。

同じく終章。マリエンブルガーさんの子どもたちが、お話を聞きたいという場面。死の床にあるホフマンは、「ああ……わかったよ、私が何者なのか……やっとわかったよ」と、ささやく。他にもいっぱい、いい場面、美しいところがある。訳・解説もすばらしい。山下陽子の挿画も、幻の世界を彩る。

素顔

アメリカの女性作家フラナリー・オコナー（一九二五―一九六四）は、読む人の心が壊れるような強烈な作品を書いて三九歳で亡くなった。二五歳のとき全身性エリテマトーデスという難病に。それからの一四年間は、南部ジョージア州郊外の農場で、病気とたたかいながら書きつづけた。そのときのようすはあまり知られていない。

ブルース・ジェントリーほか編『フラナリー・オコナーとの和やかな日々』（田中浩司訳・新評論）は、彼女を身近に知る一〇人（作家、編集者、修道女、隣の農場の人など）の回想をインタビューで構成。先進的な作家の素顔を伝える。

オコナー作品の邦訳は、須山静夫訳『オコナー短編集』（新潮文庫・一九七四）、同『賢い血』（ちくま文庫・一九九九）、横山貞子訳『フラナリー・オコナー全短篇』上・下（ちくま文庫・二〇〇九）など。長編の新版は、佐伯彰一訳『烈しく攻むる者はこれを奪う』（文遊社・二〇一三）。

生彩を放つのは短編だ。

「善人はなかなかいない」は、いのちごいしたにもかかわらず老婦は突然殺される。「田舎の善人」は聖書を売り歩く青年の話。義足をつけた知的な娘に近づき、木の足がくっついているところを見たいという（彼女は、そんなことといわれたことないのでうれしい）。青年は、いきなり義足を奪って走り去る。現実の深層に強い光をあてる。それがオコナーだ。「このセールスマンが義足を盗むだろうと私が知ったのは、彼がそのことをするより十行ほど前になったときである」「この物語は読者にショックをあたえるが、その理由の一つはこの物語が作者にショックをあたえるからだと思う」。前記、新潮文庫の解説に引用された、オコナーのことばだ。善も、悪も書く。書き切る。文学の奥深さをオコナーの小説で知る人は多い。

オコナーは、自分の天職は純文学作家であるという固い決意で創作に打ち込んだ。カトリックの信仰も明確にしていた。だが作家セシル・ドーキンズは「フラナリーを偉大にしているのは、彼女のカトリック信仰」ではないとし、「物語に恒久的な価値があるのは、それがきちんとした文学だからです」。作品については「的確な耳をもって聞き取られた会話」「完璧なテンポ」「前方に少し傾斜する」展開を指摘する。

孤独だが、誠実で楽しい人だったらしい。若いときからの友人ルイーズ・アボットが、なぜ小説を書くのかときくと、「私は上手に書けるから書くのよ」とオコナーは答えた。編集者ロバート・ジルーは「彼女は私を連れて農場を案内してくれました。すべてのクジャクに会っています」。そう、オコナーは孔雀をいっぱい飼っていた。みなオコナーその人に出会ったことを人生のよろこびと感じている。どの話も興味ぶかい。

オコナーの描く暴力は、当時の人にはグロテスクで現実離れしたもの。テロや殺人など「ありとあらゆる暴力が現実に行われている現代」を予見したのかという聞き手のことばも印象的。暴力だけではない。人間の姿すべてをおおうスケールでオコナーは書いた。「高く昇って一点へ」（須山静夫訳）では、「自分がどういう人間であるか」知っていると胸を張る母親に、息子はいう。「自分がどういう人間かわかっているといっても、それだってたった一世代のあいだ効き目があるだけです」と。

鋭い見方だ。単独の心理と、複数の呼吸。それらが絶妙にからみあうのだ。オコナーによって見つけ出されたものは多い。現実では出会えないような特別な文学だ。本書はその扉となる一冊である。オコナーの家系図、主要作品のあらすじも付く。

教科書の世界

現在の中学の国語の教科書には、ぼくの文章が、ひとつ掲載されている。

実は、昨年までは、ふたつ。でも、ひとつが消えた。それは子どものときのようすを書いたエッセイで、ある本のなかに収めた。それが教科書をつくる人の目にとまり、掲載されたのだ。

五年間くらい載りつづけたが、あるとき、学校の先生たちの意見を知ることになった。それは教科書に載っている作品を教えるときに感じることをアンケート形式で回答したもの。全国の先生たちが感想を書いているのだ。教える人たちの「現場の声」である。

そこに、ぼくの文章に対するきびしい意見が多数、寄せられていた。内容がわかりにくい。子どもたちに教えるときのポイントがわからない。つまり、教科書にはふさわしくないということなのだ。ただし、そうではない意見もある。「とてもよかったです。ぜひわたしどもの学校へ講演に来てください」と、沖縄の先生から手紙をもらい、ぼくは今年の二月に沖縄に行ったのだった。だから、そうではない人もごくごく少数だが、いるようだ。

でもそれは例外。ぼくの文章は多くの先生たちに嫌われてしまったのだ。できれば外したほうがいいかもしれないですねと、ぼくは教科書の会社の人に伝えた。ひとつの意見として。そのためではなく、「現場の声」が主な理由だろうが、今年の四月からは掲載されなくなった。ぼくは、ほっとした。先生たちが楽になるのだ。人に迷惑をかけることは、しないほうがいい。

どこから出る教科書もそうなのだが、いまは、先生が「教えやすい」文章が選ばれる。少しでもむずかしいところがあったり、どこかから抗議が出るような気配がある表現が含まれていると、その作品は掲載されない。

だから、さしさわりのない、無難なものが並ぶことになり、味が落ちる。つるつるした文章が多くなるのだ。

よく知られた作家の作品でも、ことばや表現で、少しでも「キズ」（教科書の世界では、このようにいう）があるときは、掲載されない。だから名作でも教科書に載らない例がいまはふえている。それはそれで仕方のないことなので、ぼくのこととはかかわりがない。

ただし、こんなことはいえる。先生たちが「教えやすい」ものを、という考え方はいつの場合もいいとはいえないように思う。少しむずかしくても、先生たちが「考える」ことも大切で、それによって先生たちは思考力を高めることになる。知識もふえる。感性の幅もひろがる。

いまの自分にはわからないものでも、取り組んでみよう、勉強してみようという気持ち。これは先生だけではなく、いろんな社会の人たちにも必要なことだと思う。

いまは先生たちの力が強いので、へんなものを載せると教科書の会社の評判が落ちてしまう。教科書をつくる側の人たちも、先生の反応を重視する。この風潮が理解できないわけではないけれど、これからもこのままでいいのだろうかと考えることも必要だ。

ぼくの中学一年のときの教科書を開いてみると、芥川龍之介の「トロッコ」などの他に、農村を描く和田伝の作品「畑の魔術師」が載っていて、多様性におどろく。

「トロッコ」は、とてもよかった。暗くなり、走って家に帰るときのこころぼそい気持ちなど、いまも鮮やかにおぼえている。教科書の活字までがよみがえる。和田伝の農民の暮らしをつづる文章もおもしろかった。いまならいろいろ、ことばや題材に問題があるので掲載されることはないだろう。でも、そういうものもある、というところが教科書のよさだと思う。

沖縄に行く前に、沖縄の係の先生に聞いた。「ぼくの文章は、四月から消えてしまうのに、そんなぼくのようなものが、行ってもいいのでしょうか」と。「全然関係ありません」と、その先生は答えた。

二つの国

『金達寿小説集』（講談社文芸文庫）は、日本における朝鮮文学の先駆者、金達寿《キムタルス》（一九二〇―一九九七）の作品六編を収録。著者の小説の文庫は初。

戦前、一〇歳のとき渡日。未知の国で日本語を学び、一時帰国をはさんで、戦後は日本の文壇で活躍。組織、思想の動揺期にも、在日作家の内部世界を誠実に表現した。代表作「朴達《パクタリ》の裁判」（一九五八）は李承晩《りしょうばん》治下の朝鮮の町で、無学の庶民、朴達が柔軟不屈の姿勢で権力に立ち向かうようすをユーモラスに書き表した、いまも世評高い傑作。朴達のとぼけた話法には、これまでの抵抗文学とは異なる活路がみえる。後期の一編「対馬まで」は、さまざまな障壁のために祖国に行けない人たちが、九州・対馬の北端から、韓国・釜山を見つめる旅の記録である。祖国と日本をつなぐ思考と感性は、古代史跡踏査の名著『日本の中の朝鮮文化』に引き継がれる。他に、郷愁をつづる感動作「祖母の思い出」、出発期の秀作「位置」などを収録。

誰よりも早い声

斎藤隆夫（一八七〇―一九四九）の自叙伝『回顧七十年』（中公文庫）の新版が出た。著者は明治憲法下に生きたが、その政治哲学は今日も強烈な印象を残す。

兵庫・出石《いずし》の農家の生まれ。東京専門学校を出て弁護士になったあとアメリカ留学。明治四五年、国民党から立候補、初当選（当選一三回）。著者は子ども時代、英語の勉強、次々愛児を亡くす悲しみ、関東大震災、政界の情勢を淡々とつづる。法制局長官になったとき。「生家に立ち寄り墓参をなし、氏神に詣《まい》り観音堂にて村の人々の質朴なる歓迎を受け、少年の頃通学したる福住小学校その他数か所の歓迎会にも臨みて豊岡に引っ返し、ここにても同志の歓迎会に出席し、夜に入りてから城崎《きのさき》に帰宿した。この日は一生の思い出である」。なぜ政治家をめざしたかは書かれていない。政治家として「した」こと、「見た」ことが中心。他には熱意がない。ほんとうの自伝とは、このように簡素なものなのだ。世の自伝とは別もの。目の覚める思いがする。

小柄。印象も地味。だが戦争前夜、戦争期を通し、軍部と正面からたたかった、ただひとりの政治家だった。誰にもできないことをした特別な人だ。本書は斎藤隆夫の名高い二つの演説を「全文」収録。

二・二六事件直後の昭和一一年五月、衆議院本会議での「粛軍に関する質問演説」。斎藤隆夫は、軍部の政治介入を批判、「国民の忍耐力には限りがあります」「何となくある威力によって国民の自由が弾圧せらるがごとき傾向を見るのは、国家の将来にとってまことに憂うべきこと」。一時間二五分に及ぶ大演説。嵐のような拍手に包まれた。「斎藤氏熱火の大論陣、国民の総意を代表」（東京日日）「衆議院に深刻なる感銘」（大阪朝日）「軍人の政治運動は危険、斎藤氏の舌鋒鋭し」（大阪毎日）「正に身を以て言論自由の範を垂れた」（読売新聞）。

四年後の昭和一五年二月、「支那事変処理に関する質問演説」では日中戦争への疑問を表明、侵略戦争の本質を衝く。「聖戦の美名に隠れて、国民的犠牲を閑却し、曰《いわ》く国際正義、曰く道義外交、曰く共存共栄、曰く世界の平和、かくのごとき雲を摑むような文字を列《なら》べ立てて、そうして千載一遇の機会を逸し、国家百年の大計を誤るようなことがありましたならば、現在の政治家は死してもその罪を滅ぼすことは出来ない」。一時間半の演説。このときも拍手が起こったものの、「議場には何となく不安の空気が漂うているように感ぜられた」（本書）。軍部は「聖戦」を冒瀆するものとし、政府に圧力。斎藤隆夫は議員を除名された。このあと日本は太平洋戦争へと突き進む。斎藤隆夫のことばをもっと多くの人が受けとめていたら、そのあとの日本の姿は不幸なものにならなかったかもしれない。一国の命運がかかる演説だった。

斎藤隆夫の演説は論理的であるだけでなく、いちばん大切なことを誰よりも早くことばにするところにいのちがある。このような理性と気概はそのあと、どの世界でも失われたものだと思われる。斎藤隆夫は、当時の社会・国家体制を信じた。本義を守り国情に合わせて改正を加えていけば危険なことにはならないという考えである。だがそうした背景を超えて、そのことばはいまも胸に迫る。

議会政治の力を思い知った。この回顧録には、当時の文学・思想界を席巻した左翼の動静は全くといっていいほど出てこない。議会への通路について考えをもたない反戦思想、プロレタリア文学は、現実とは別の世界に置かれていたことになる。議会政治が政治のすべてではない。だが議場の外側での動きは、どのようによいものであっても力とはなりえないのだ。そのことを忘れてはならないと感じた。

II

銅のしずく

秩父の夜道

二〇一六年一月、埼玉県の秩父、下吉田の山地を歩いた。夜、雪の残る、暗い道をたどっていく。なだらかな丘を上がったり、下がったり。秩父事件の舞台が少しずつ見える心地がした。誰も通らない道を、男の人が歩いてきた。村のおじいさんらしく、「こんばんは」とぼくに声をかけてくれた。明治の中ごろから届くような、はっきりした、あたたかい声だった。

以前、秩父に行ったとき、古代の和銅を採掘した跡があるとわかり、その方向へ歩いたが、見つからない。途中にあったのかと思い、引き返し、また戻る。これを繰り返した。もう少し時間があっても、引き返しと、繰り返しだったかもしれない。銅には、精錬のときに生まれる、しずくがあるそうだ。銅滴というらしい。

五人

二〇一五年は、「最後の文士」高見順の没後五〇年。東京・駒場の日本近代文学館では「高見順という時代」展が二〇一五年九月二六日から一一月二八日まで開かれた。郷里の福井県ふるさと文学館でも、「昭和から未来へのメッセージ——高見順没後五〇年特別展」を同年一〇月三一日から二〇一六年一月一七日、独自に開催。福井の回顧展では、「図録」の編集にあたった。

駒場の高見順展では安藤宏、池内輝雄、宮内淳子、武藤康史とぼくが編集委員になった。五人は三回の会合をもった。ぼくは「詩作と高見順賞」のコーナーを受けもち、会場に掲示の六〇〇字ほどの文を書くことに。文学館の担当の人に、いったん原稿を送る。五人の各コーナーの文章を、編集委員どうしが読み、意見を担当者がとりまとめて五人に戻す。ぼくの文章は、ここのところがわかりにくい、こう書くと、このように見られてしまいますねなど他の委員からの指摘があり、そのたびに書き直した。指摘を受けると、たしかに、少しだけはいいものになるのだ。とはいえ、ぼくは編集委員として、何もしなかったことになる。自分の文章を直すだけとは。

並べる

作家の回顧展で、著書の展示の配置を考えるとき、初版本や、その生原稿などを選ぶ。たしかにそうすれば当時の雰囲気は出るものの、会場を訪れ、古色蒼然たるものを目にした人たちは、その作家なり詩人が「遠い」世界の人だと思う。その初版本の隣りに、現在刊行されている文庫本を掲示すれば、いまこの本で読めるのだと思い、親しみを感じるはずだ。そこから新しい動きも生まれる。それこそが展覧の意義だが、そのようにする例は少ない。ぼくの提案で、そのようにすることになった。ぼくのもとには高見順の文庫は新旧すべて刊行時のまま、褪色しないように包装したものが数冊ずつあるので、数点をお貸しすることにした。小さな、貸す力。これだけがぼくにあるものだった。

というわけで、高見順展ではそれらの本が、展示ケースに置かれた。あ、ぼくの本が「出演」していると思い、うれしかった。帯が完全なまま付いて、本体もきれいな本は、少し前のものでも世の中になかなかないものである。その点では、役に立ったことになる。何人かの人に事情を話すと、「見ましたよ」と。ぼくも二回、見に行った。

過去をもつ人

高見順の短編「不正確な生」(一九六三)。五五歳のとき、「新潮」に発表。『高見順全集』第一二巻(勁草書房・一九七一)に収録。どちらかというと、なさけないことを書いているのに、妙に作品として、いきいきしている。

五〇歳を過ぎたある日、母親がふと、「わたし」は、明治四〇年生まれではなく、実は明治三九年の生まれだと言ったという。ヒツジではなくウマ年だといまさら言われても、どうすることもできない。生は「不正確なもの」だと、胸におさめる。

もうひとつは、昔、左翼運動にかかわったこと。自分がつかまったのは、「誰のせいだったのか正確にはそれが全く分らない」。自分の転向はほんとうは戦後のことだと思っているが、「今となるとなぜ戦後に転向したのか、そこもよく分らない」。さらに「これは一体、誰に向って言っているのだろう。誰に対してわたしはこんなことを書いているのだろう」。人は昔のこと、それも最も夢中になったことから忘れる。夢中のときは前後もわからないのだ。さらに、それを振り返る意味も不明になる。過去をもつ人の誰にもあることだ。流れるような日常の描写。そのあいまに出てくる二つの場面は、強く印象に残る。高見順らしい、英明な小説だと思った。

この作品は、どんな流れでヒツジとウマの話になったのか。あとになると忘れてしまう。もしこれが書評という場所だと、書評で書かなかったことはすべて消えてしまうのだ。印象的な箇所があり、書きながらずっと残して、見失わないようにした。ところが流れのなかで、脇に置く。すると、そのあとその場面は、よみがえることはない。撮った写真の場面だけが旅行の場面として残る現象に近い。あらためて真剣に読もうとして読みだすと、自分が書評に書いたところだけが目にちらつき、それにとらわれてしまう。作品の姿はいつまでも見えないことに。

風景の袋

『新潮日本文学アルバム4島崎藤村』(一九八四)の、高井有一「木蔭の墓所」の一節。

〈昭和二十九年に河出書房から出た『島崎藤村読本』は、藤村をどう思うかについて、諸家のアンケートを載せているが、そこでも、律儀すぎる、思はせぶり、狡猾なエゴイズムといつた評言が群を抜いて多い。その中で私は、河上徹太郎が、全集を予約購読して次々に読み、「遂に決して好きになれなかつたのに、熱心に通読したといふ、変な読者でした」と答へてゐるのに眼を引かれた。私自身、どうしてこんなものを読みたくなるのか、と時に不思議に思ひながら、ずつと藤村を読んで来たからである。〉

これが正確な指摘だとすると、島崎藤村は「変な読者」によって支えられた文豪ということになる。藤村の作品には、何かがしっかり書いてあるので、それだけでも、また、その姿勢だけでも勉強したいと思う人が多いのだと思う。

こまかいことは、不要である。どんなにこまやかに読み、批評を実現させても、必要になることはあまりない。漠然とでも全体をとらえられるかどうかにかかる。おおまかな風景を、大きな袋に入れる。それが果たせたかどうかに尽きる。

島崎藤村は、何を読み、何を思い、どう考えたか。作品も含めて、ひとりの人間が日常と生涯において、どんなものを抱えていたのか。そうした全体のイメージを、読む人が確定し、概略を他の人に伝えるという道筋が目に浮かぶ。文学作品を読むことは、その道筋に立つことだ。読むことは、人の一生に直接、間接にふりかかるものを、ひろく想像することなのだ。

その作家の人生の経験、創作の体験には、意味のないものも少しあるが、ほとんどのものは消えてはならない、大切なものだ。その頭と心のなかに置かれたものを、その一滴まですべて復習し、再現することはできないにしても、どうしても残しておかなくてはならないものを、新しい読者の時代へ運ぶ。その道筋である。

フォード

小林勝（一九二七―一九七一）の本籍は長野県だが、父母が朝鮮に渡ったので、朝鮮・晋州《チンジュ》に生まれた。父は農林学校の生物の教師。小林勝は、子ども時代を同地で過ごし、終戦の年の三月、陸軍予科士官学校入学。特攻要員だった。終戦で、復員。早稲田大学・露文中退後、火焔壜闘争で逮捕され、戦後最初の実刑を受けた作家となった。その後も文壇の前線で活躍し、四三歳の若さで病死。文庫の作品集はない。

てもとに、『小林勝作品集』全五巻（白川書院・一九七五―一九七六）と、第一作品集『フォード・一九二七年』（講談社・一九五七）がある。この作品集には「フォード・一九二七年」「軍用露語教程」（ともに芥川賞候補作）など六編。以下、新かなで。

「フォード・一九二七年」は、「——変だな、と彼は言った。だって、お前は、そのトルコ人が町へやって来た時も、出ていった時も見ていなかったわけだろう？」という一行で始まる。戦場から、子ども時代を回想する場面だ。昭和のはじめ、朝鮮の町に、トルコ人が来て、ドングリ山と呼ばれる丘の上の洋館で暮らす。フォードの車をもっている。朝鮮の子どももおとなもトルコ人一家に好意をもつが、戦争の名前が変わり、一家がすっかりふるびたフォードを動かして、村から出ていくまでを描く。その時の流れを、日本人の子どもが静かに追いかける。朝鮮と日本の二つの関係でも複雑なのに、そこにトルコという「第三国」の人が入るので理解しづらい面もあるが、子どもたちの動き、車のようすなど、世の中のわずかな変化をていねいにすくいとる。「——つまり、ぼくは、何事をも表からだけ見ていたというわけだな、ちょっと見かたを変えると、何もかもが、すっかり変わってしまうかもしれないな、とぼくは思った」。

「軍用露語教程」は、ロシア語教官・峰との交流。せっかく原書にふれ、ロシア語に興味をもったのに、その興味をとりあげられていく過程を描く。これもいい作品だと思う。

元日

同じ作品集の「万年海太郎」は、妙高でのこと。秋の草や木の匂いのなかでの軍事演習。そのさなか、海太郎《かいたろう》にふと、ある詩の一節が浮かぶ。この一節はここで切ったほうがいいのではと思う。「面白いことだな、こんなところへ来て、詩がわかるようになろうとは思わなかったな」とつぶやく。「訳者か作者か、どっちかがくっつけたとしか思えないな」。詩は作者か訳者のことばであるのはあたりまえだが、こう書くところが面白い。植物に向ける感覚も独自のものがある。

最後に置かれた「太白山脈」は、作者の父を描いたものだろう。元日の学校の行事にも出ずに、雉子《きじ》を求めて、山に入る教師。親しい朝鮮の男・朴粗蒙と、猟犬を連れてきたが、道に迷う。でもそれは彼にとって、生きた時間でもあるのだ。「どこかの深い山の中に、一人の年とった日本人と、一人の貧乏な朝鮮人と、そして一匹の犬」がじっと身を寄せあう。「彼にとって、今はこれだけが現実だった。いや、自分の生涯の中で、今こそが、唯一の現実なのだ、と彼は感じた」。

小林勝は、当時の朝鮮半島における日本人の心理を書き表した。ひとりの人間の書きものとしてもバランスがとれていて、ことばの一滴、一滴に明るい、上昇の光が映っているところが特徴だ。いま読んでも新しい印象を与える。

東京の丘

ほぼ半世紀前、小林勝が暮らした界隈を歩いてみたくなった。東京都下で、そんなに遠くはないので、原付バイクで向かった。住所は、番地まで、そのころの文芸年鑑で知ることができた。『小林勝作品集』第五巻の「ふろく」に、坂上弘の「カリンの花」と題する追悼のエッセイが再録されている。小林勝の通夜に向かうときの道筋をつづる、美しい文章だ。このエッセイのことばをたよりに歩いた。

駅からの小林家に向かう道筋は、エッセイに描かれた通りで、途中の地形は同じ。なだらかな丘がひとつ、ふたつと現れる。同じ番地に戦争用語のめずらしい姓の家があり、その奥の大きな都営住宅のあたりがかつての小林邸かと思われた。その近くで、ぼくはバイクを停め、しばらくぼんやりと立っていた。

「帰りの高台からの夜景に、こまかい住宅の灯が漁火のようにならぶ広い眺めに心をうばわれることが、架空にとらわれそうで、私は足を早めた」(「カリンの花」)。この都下の高台と、「フォード・一九二七年」の丘のようすが、重なるように感じられた。その「広い眺め」を前に、ぼくはまたしばらく立っていた。

文学像

新潮社『日本文學全集』全七二巻(一九五九―一九六五)と、中央公論社『日本の文学』全八〇巻(一九六四―一九七〇)を、中学から大学にかけて読んだ。この二つの全集で、ぼくは文学に興味をもった。全集がよりどころになった。

昭和期の作家で、二つの全集いずれでも一人一巻なのは、中野重治、井伏鱒二、丹羽文雄、林芙美子、伊藤整、石川達三、高見順、太宰治、三島由紀夫など。いずれも大きな存在だ。各・名作集の昭和編には黒島伝治、木山捷平、深沢七郎、長谷川四郎なども一編ずつあるので、時期的に入る機会のない尾崎翠、耕治人らを加えれば、日本の現代文学のイメージがより鮮明になる。

とくにこうした昭和期の作家たちの作品や活動がもつ意味は、まだしっかり読みとかれていない気がするので、ぼくはこれからも全集のそばにいることになる。そのあとの世代の人も、形はことなるが、読書の最初の時期に、文学のイメージが形成される。

文学全集がなくなったあと、風景は一変した。個々の作家の作品を読むことだけで、文学像がつくられるようになった。てもとの本だけが光り、過去のものへの視線が消えうせる。

文学を社会学的な視点でとらえる、現在の新聞の文芸時評によって、文学像を形成された人たちは、どうか。同時代と文学の接点を楽しむ知的な関心を学ぶが、文学全体の光景は目に映らないだろうし、作品や作者への思いも、ひろがりを欠いたローカルなものになる。

おおきなできごとのあとで、詩人や作家たちが、いわば文学「特需」の詩文を順風のなか量産したようすを見て、文学像を形成する人はどうか。あの日以後この国は変わった、私も目覚めたという人たちの一見すなおだが、よく見ると底の浅い単純な詩文。それらを批判的に見つめることは、単純なものに魅せられた読者にはできないだろう。どの人も、最初の文学像からはじまる。そのあとも、それはつづく。

昼の道

ある日、以前に書いた、一九世紀の小説についての自分の書評の文字を読んでいたとき、この本について書いてよかった、という不思議な叫びが心のなかでもれた。一瞬のことだ。対象となった本の内容とはかかわりがない。ぼくの文章の出来不出来ともかかわらない。ただ、よかったと思ったのだ。熱いものが、こみあげた。なんだろう、これは。考えたが、わからない。この本について自分が書いてよかった。他の人には書いてほしくなかった。その意味かとも思ったがそれでもない。ほとんどの本が、他の人が書いていたら人のためになったのにと、あとで思っているのだから。理由がないときでも、しあわせに感じることがあるのだろう。

この間、近所で、近所の中学生とばったり会った。二〇メートルほどの距離。以前、彼がまだ小さいときに「おじさんは、本を書くの？」と、はずかしそうに聞いてきた子だ。国語が好きらしい。たしか、そんなことを言っていた。二人はしばらくの間、顔を向けて、そのまま立っていた。立ち往生である。中学生は何か話しかけたいようだが、そのまま。こちらも何かあるような気がしただけだった。そのあと、二人は自分の動きに戻った。

利根川を見る人

山之口貘（一九〇三―一九六三）の詩には構造的にいくつかの特徴のようなものがある。自分以外の話者を登場させ、その相手のことばへの反発を利用して、自分の意思や位置をたしかめるというものである。

その場合は「来る」または「くる」といった語句が使われることが多い。

「いつまで寝ているつもりなんですか／起きてはどうです／起きないんですかとくるのだ」「女房は箒の手を休め／トタン屋根の音に耳を傾けたのだが／あし音なんですよ／雀の　と来たのだ」（「石に雀」）。相手、ここでは「女房」のことばに応じることで詩をつくるというかたちだ。「処女詩集」というよく知られた詩では、初めての詩集を出したときは、うれしくて泣いたという話のあと、そろそろまた、詩集を出したくなった気持ちを書く。「女房に話しかけてみたところ／あのときのことをおぼえていやがって／詩集を出したら／また泣きなと来たのだ」でおわる。以上二つの詩の「くる」「来た」は同じものである。他にも多い。もし相手のことばがなかったら、なにごとも起こらないこともありうるという不確定な状況が、詩の背後に不断に存在した。相手のことばに救われて書いた人ということになるが、同時に自分以外の人の存在をとても尊重した人ということにもなる。

このような「くる」「来た」がなくても同じことが起きることもある。今回の『新編 山之口貘全集1詩篇』(思潮社)で、「利根川」と題する詩が、二つあることをぼくは知った。

一つめの「利根川」は、一九四八年に「夕刊新大阪」に発表された。「その流域は/すでに黄ばんでいた/水はだんだん/にごって来た」で始まり、「水は鉄橋とすれすれにながれた」坂東の光景をえがく。

二つめの「利根川」は、二年後の一九五〇年に「佐賀新聞」ほかに掲載された、同じように短い詩だが、内容的には、かなり似ているものである。「水はすでにその流域の/田畑を犯して来たからなのであろう/あちらにかたまり/こちらにかたまりして/藁屑や塵芥がおしながされて来た/藁屑や塵芥にはおびただしいほどの/いなごの大群がしがみついて来た」から始まり、「鉄橋」が高さを失う風景で、この詩は結ばれている。二つの作品は、おそらく戦時中、利根川の橋を渡り、都県の境をこえて、茨城の妻の実家に疎開したときの状況にもとづくものと思われる。「にごって来た」「犯して来た」「おしながされて来た」「しがみついて来た」の「来た」はいずれも、さきほどの「くる」「来た」とは、意味において異なる語句であるのはいうまでもない。だが、生きた人間という相手がないときも、こうした「くる」「来た」というとらえ方で、ことばを編みあげ、詩を進めるようすがある。

作者（主人公）は、なれない、新しい土地に身をさし入れる恐怖感、不安感、期待感を、新しい感覚の経験としてとらえようとしたのかもしれない。それは、「目につく物はなんでも一度はかついでみたくなるのである」（「無題」）という信条とつながるものだ。一度ならず同じ風景にまとわりつこうとするところに、ほかの詩にはない特別なものを感じる。

人間を書くときも自然をうたうときも、山之口貘の詩は、外部の力にみちびかれた。外界を迎えいれるとき、感覚をとがらせた。怖れることから、ことばが生まれ、詩が生まれた。そのことを忘れてはならない。現代の詩は、怖れの感覚がうすらいでいる。

こうして異なる作品のことばを引きよせ、つながりをたどってみると、詩を読むのは楽しいことだと思う。読むことの価値を高めるような詩を書いた人は、山之口貘のあとほぼいないといってもよい。さらに、もうひとつある。

「座蒲団」と並ぶ、名詩「襤褸《ぼろ》は寝てゐる」の、「野良犬・野良猫・古下駄どもの／入れかはり立ちかはる／夜の底」から、「襤褸は寝てゐる夜の底／空にはいつぱい浮世の花／大きな米粒ばかりの白い花」にいたることばの流れには、この世ならぬといいたいほどに美しい静けさが漂う。

「喪のある景色」「鼻のある結論」「解体」あるいは「存在」「動物園」なども、同系の作品とみることができる。

どうして人には、これほどに静かな、それでいてひきしまった瞬間が訪れるのかと思われるほど、これらの詩は打って変わって整然としている。山之口貘には楽しい詩、おもしろい詩がいっぱいあるけれど、これらの静かな詩にぼくは荘厳なものを感じる。楽しいものと、静かなもの。この二つの流れは周期的に訪れて、作者の内部を通ることで詩の経験をひろげ、深めることになった。そのなかほどに、どちらの詩ともいえない淀みのような詩が書かれた。謎めいた詩といってよい。「利根川」もそのひとつだと思われる。山之口貘の詩には利根川が流れているのだ。

現代詩！の世界

現代詩とは、戦後から現在までに書かれている詩のことと理解してよいだろう。戦争期を体験した若い詩人たちは、戦争が終わったあと、まっ白な紙の上に文字を書くようにして、詩を書いた。新しい時代にふさわしいことばと表現を求めた。

言葉のない世界を発見するのだ　言葉をつかって
真昼の球体を　正午の詩を
おれは垂直的人間
おれは水平的人間にとどまるわけにはいかない

現代詩の「第一声」をひびかせた詩人、田村隆一の「言葉のない世界」の一節。思想、哲学のことばに近い。はりつめた意志を感じる。世間・社会にまじわる「水平的」な人ではなく、周囲から跳び上がる「垂直的」な人になりたいと。いまは、時代と合わせる人ばかりだけれど、個人の立場や考えを思い切り表現する生き方は、むしろいまこそ求めていいものかもしれない。

ぼくがたふれたらひとつの直接性がたふれる

これは、吉本隆明「ちひさな群への挨拶」の一行。学生運動のさなかに書かれ、たたかう若者たちの魂をとらえた。自分がやめたら、「ひとつの直接性」がたおれてしまう、だからたたかいをやめるわけにはいかない……。当時の青年たちは「直接性」ということばに心をふるわせた。まわりにある「現在のことば」ではなく、未来を感じさせる「未知のことば」に、希望と期待を寄せた。現実にないもの、かくされているものへのあこがれと、渇き。そこに詩人のことばが呼応したのだ。

時代は感受性に運命をもたらす。

堀川正美の詩集『太平洋』の「新鮮で苦しみおおい日々」の一節は、現代詩のもっとも知られた一行のひとつ。意味など十分にわからなくてもいいのだ。まだ見たことのない世界に、ことばが、ことばの力ひとつでふれようとするようすを、その勇気を、見つめることがたいせつだと思う。戦後・女性詩を代表する石垣りんの、短い詩「唱歌」。

みえない、朝と夜がこんなに早く入れ替わるのに。
みえない、父と母が死んでみせてくれたのに。

みえない、
私にはそこの所がみえない。
　　　　　（くりかえし）

（くりかえし）という最後の一行は、詩のなかの一行だ。いのちの先輩たちが、死んでみせてくれたのに、まだ私には、死というものがどういうものか、そして生きるということがどういうことかわからない、と。痛切な思いがすなおにうたわれ、胸を打つ。茨木のり子「自分の感受性くらい」のラストも、多くの人をおどろかせた。

駄目なことの一切を
時代のせいにはするな
わずかに光る尊厳の放棄

自分の感受性くらい
自分で守れ
ばかものよ

現代詩のことばは、ありふれたものを捨て去るだけではない。「ばかものよ」という、とてもありふれたことばが、人の中心を撃つことばに生まれ変わるのだ。散文にはない、詩のことばの強さを、そしてそこに隠された、心のやさしさを読みとるべきだろう。

いまは小説など「散文」しか読まない人が大多数。「散文」は、伝達のために生まれた。「詩」は個人の心の奥底の声を示すので、ことばは人の心の混沌そのもの。いまは社会の圧力が強まり、個人が希薄になった。詩のことばは、その人自身のことばである。たったひとりになったときに、心のなかから純粋にわきでるものだ。詩は一見わかりにくいので、読む人の想像力が必要になる。読みながらいっしょに考えて、つくっていく。それが詩の世界なのだと思う。読んだらすぐにわかるようなものはあまりない。でも深いところから生まれることばは、時間がたっても色褪せない。読む人のなかにとどまり、今日も明日もひびきつづける。そういう「息の長い」ことばとの関係は、いまもっとも失われたものではなかろうか。現代詩の闘士、谷川雁は一九六五年の文章のなかで、詩とは、

この世界と数行のことばとが天秤にかけられてゆらゆらする可能性

を求めつづけるものだ、と述べた。二一世紀に入ったいま、稲川方人、伊藤比呂美、井坂洋子らにつづき、蜂飼耳、日和聡子、大江麻衣、暁方ミセイなど新世代の詩人が活躍。また、芥川賞作家の辺見庸、同じく先年芥川賞受賞の川上未映子の二人は、次々にすぐれた詩集を刊行、おおきな話題になった。小説も書く。詩も書く。そういう人たちが日本文学の最前線を構成する事実に目をとめたい。詩のことばが切り開く「可能性」にあらためて関心が集まっているしるしと見る人もいる。その意味ではいま、新しい「詩の時代」が始まったといえるかもしれない。

詩に関心のない人もむろん、いていい。でも詩のことばとは、何か。それがどんなものであるのかを知っておくことはたいせつだと思う。

寺山修司の詩論

『戦後詩──ユリシーズの不在』は、詩人寺山修司（一九三五─一九八三）が一九六五年、二九歳のときに書いた批評だ。紀伊国屋新書、ちくま文庫のあと、このほど講談社文芸文庫で刊行された。半世紀後のいまも、これほど魅力的な詩論は日本に現れていない。

「東京ブルース」（歌・西田佐知子）「ああ上野駅」（歌・井沢八郎）を語るだけではない。戦後詩人の「ベストセブン」に作詞家星野哲郎を挙げるなど、自在。ことばと社会をつないで、独自の批評を展開する。

たとえば「キャッチボール」の話。「ボールが互いのグローブの中でバシッと音を立てる」、あの瞬間。

「どんな素晴らしい会話でも、これほど凝縮したかたい手ごたえを味わうことはできなかったであろう」「手をはなれたボールが夕焼の空に弧をえがき、二人の不安な視線のなかをとんでゆくのを見るのは、実に人間的な伝達の比喩である」。この「実感」の復権が、戦後二〇年の日本人を支えたと。

歴史は「帰る」ことだが、地理は「行く」ことを教える。ひとりからひとりへとひびく。その手ごたえが大切だと。「実感」論は本題の戦後詩論となると、さらに冴えわたる。

たとえば、茨木のり子。「わたしが一番きれいだったとき」などの詩は、天声人語、教科書でひろまった。倫理的で、きりっとした詩は、人びとによろこばれるが、寺山修司はいう。「あまりにも社会的に有効すぎて、かえって自らのアリバイを失くしてしまっているのではないか」。吉野弘の詩「たそがれ」は、「他人の時間を耕す者」が、夜になり、自分に帰るひとときをうたうもの。これにも疑問をもつ。

〈「公生活」から解放されるという意味なのであろう。だが、「公生活」がなぜ他人の時間を耕すことなのか？　それが私にはわかりにくい問題である。〉

人は「全体的なパーソナリティ」で生きるべき。〈帰ろうとすれば「いつでも自分に帰れる」から詩人なのであって、それができないような「他人の時間を耕す生活」なら放棄してしまえばいいではないか。〉

会社では、仮の姿。夜のわたしはすごいんだぞ、という人はいまも多い。人生全体の思考の場にかかわる、重要な指摘だ。「おやすみ」ばかりの詩の世界に、はじめて「おはよう」の詩をもたらした谷川俊太郎。でもその後の詩はどうか。「ことばが面白ければ面白いほど、私はなぜだか楽しめなくなってくる」。戦後詩の起点「荒地」の詩人田村隆一、黒田三郎らにも手きびしい。「自身の破滅を通してしか世界を語れなくなってしまった」。いっぽう「私は、最初から難解さを目的とした詩は好きである」と、読者を二人（澁澤龍彥、窪田般彌）に限定した（？）加藤郁乎の詩にもふれる。

こうしてみると戦後の詩は実にシンプルに、すなおに、鮮やかに人々の意識を表現したのだ。社会を知りたいときは、詩だ。ぼくも詩を読んでみようかな、と思った。

でもそれは、寺山修司の批評に魅せられたためである。田村隆一、茨木のり子、吉野弘らの詩の魅力も含め、寺山修司はなにもかも知ったうえで書いているのだ。批判された人たちも、キャッチボールをするときのように、そのことばを受けとめたはずだ。寺山修司の批評には天才の鋭さと、すがすがしさがある。きらりとした愛情がある。

本書は「詩集」としても堪能できる。現代詩の黄金期を告げた吉岡実の長編詩「僧侶」をはじめ、合わせて六四編の詩や詞の、全編または一部が引用されているからだ。「必らず読んで欲しい詩」と「その他」に分けている。「その他」のほうも読みたくなる。

飯島耕一の詩

二〇一三年一〇月一四日、飯島耕一氏が亡くなった。訃報に接し、かなしみは深い。もうその新しい詩を読むことができないのだ。読者のひとりとして、残念でならない。

現代にも名詩集と呼ぶべきものが何冊かある。ぼくがいつもそばに置いて読み返すのは、飯島耕一の詩集『ゴヤのファースト・ネームは』（青土社・一九七四年五月）である。著者は一九三〇年二月二五日生まれだから、四四歳のときの詩集ということになる。

二六〇行をこえる、表題作「ゴヤのファースト・ネームは」はとりわけ感動的な作品である。ぼくは今年の七月のエッセイ集のなかで、「生きるとは／ゴヤのファースト・ネームを／知りたいと思うことだ。」という、よく知られた一節をもとに比較的長い文章を書いたばかりだ。この詩集には何度読んでも語りつくせない世界があるので、家郷を思うように慕いつづけてきた。

「見ることを／拒否する病い」から回復し、知覚の歓びをうたう同集には、他に「セザンヌ夫人」という短いが印象的な詩もある。また「批評家型の詩人」には、「自己批評／というものは／しすぎてはいけない。」という自己批評の一節もある。ことばのひとつひとつ、フレーズのひとつひとつが人間と、思考の現場である。そんな印象を与える。題材は一見ばらばらに見えるが、現代の詩とは、こういうものだと思わせる。「自由」詩のいいところを、おもてもうらもすべて見せるのだ。きままなようにみえて、「自由」詩にありがちな雑な音はない。やわらかい特別な神経をつかって、ことばが進み、まっすぐの、きれいな軌道を示す。読む人の目を汚さない。疲れさせない。目の前に光を入れる。読む人の心が明るくなる。そんな詩を書いた人だと思う。

七一歳のときに刊行された『浦伝い　詩型を旅する』（思潮社・二〇〇一年六月）になると、「お茶の水の／駅階段の　厚底ブーツは／きょうの　詩だ」といったフレーズから始めるなど、さらに自在になる。行をあらためる呼吸が、そのまま、詩であるというしかない。そのおもむくところに、詩が生まれるというようすなのだ。ゆたかな知識をもつ人は、詩を書いても、知識にとらわれ、ほどなく詩が涸れる。歩みのにぶる例が多いのに、そうではない。知識と詩作とのバランスが絶妙。知ること。詩を書くこと。その二つを合わせた。世界とした。

世相にも、かろやかに触れ、緊迫のあとも微笑をのこした。その詩はいつも初荷を解くような歓びを与えてくれた。密度の高い詩を休むことなく書きつづけた点で、戦後筆頭の人であり、戦前の萩原朔太郎に比すべき詩人であると思う。これからの日本の詩においても大切な人である。

思考の詩情

『鶴見俊輔全詩集』は、哲学者、鶴見俊輔（一九二二―二〇一五）のすべての詩、五一編を収める。八〇歳のときの第一詩集『もうろくの春』（二〇〇三）と、「その他の詩」で構成。いくつかの訳詩もある。

著者は比較的早くから詩を書いた。「らくだの葬式」は一九五四年。「らくだの馬さんが／なくなって／くず屋の背なかに／おぶわせられた」で始まる短詩。以降、六〇年間で五〇編。一年一編のペースだ。哲学・思想の著作で日本をリードする人が心をやすめるため、書きとめる。表向きはその範囲だ。

こんな詩もある。「ひとつの孤をとおり／風をくぐってきたそれは／すこしやせてひきしまる」（「ブーメランのように」）。「おれは自分から自由になり／静かに薄れてゆく」（「自由はゆっくりと来る」）。猿飛佐助、霧隠才蔵が登場する「忍術はめずらしくなくなった」は、「ここをはなれては

／われらは　たがいに知らず／私は私に／会う時もない」。楽しくて深みがある。改行の呼吸もすばらしい。

小説などの散文は、伝えるためのことば。詩は伝達ではなく個人の感じたものを「そのときのことば」で書き表す。散文は近代社会の発展に応じてつくられた、人工的なものだ。人や社会と通じるため、自分の知覚を抑えて書くので、ほんとうは人にとって不自然。個人を振り落とす怖れがある。散文は異常なものである、という見方もできるかと思う。

いっぽう詩は一般性がないので、うとまれるけれど、個人の痕跡を濃厚にとどめる。散文も詩もだいじだが、散文の支配を受けすぎると、意味以外のものを読みとれなくなる。心は硬くなり、思考も単調に。いまの日本は散文の完全な支配下にある。

鶴見俊輔が『もうろくの春』を出す前後、各界第一線の人たちが、七〇歳あるいは七五歳を過ぎた時点で、実質的な「第一詩集」を刊行した。石牟礼道子、篠沢秀夫、平岡敏夫、多田富雄ら。ある年齢になって、かたちにとらわれない詩という形式を選んだのだ。詩のことばの可能性を見つめる。『もうろくの春』は、その起点となった。近年は辺見庸、町田康、川上未映子など詩と小説どちらにも重点をおく新しい書き手が現れ、すぐれた詩を書く。どの世代にも、詩のことばが以前より少しだけ身近になったのだろう。だが鶴見俊輔の詩は特別である。思考を書く。のびのびと書く。

「まちがいは　どこへ行くか／遠くはるかに／世界をこえて／とびちってゆく」（「まちがいはどこへゆくか」）。別の詩では、「ひとつの眞理の主張は／まちがいの／バックコーラスに／ささえられている」と書く。「まちがい」をする前から「まちがい」を思う。そんな空気もある。他の人には書けない詩だ。「私のいるところには、今の私しか立てない。この場所を見知らぬ誰かにゆずって去るという決断をすることはできるが」は、二〇〇七年発表の詩の一節。

考えたことをそのまま書いているように見えるが、動きのある、美しい詩である。普通、詩を書きなれない人は、詩の形式を意識しすぎて無理のある言語に手を染め、平凡な詩を書くことになる。詩論を書く人の詩も極端にロマンチックになり、不自然。現代の詩人たちの多くも、同じところにおちいる。鶴見俊輔はその点でも非凡だ。自然である。

詩を書くときの、あらたまった姿勢はない。あくまでいつもの文章と思考をもとにする。そこに著者の詩の輝きがある。二〇一四年、京都の出版社、編集グループSURE（電話〇七五―七六一―二三九一）より刊行。直接販売。

六月の機関車

笠間書院《コレクション日本歌人選》六〇巻が完結した。主に作者ごとに一冊。四〇首から五〇首を選び、解説。読みやすく、親しみやすい。通常、歌人の選集というと、文庫などでは数多くの作品が収まるが、多すぎて作者や作品の魅力が伝わらないこともある。このシリーズでは名歌、代表歌を見ることになるので、歌の深みをゆっくり味わうことができる。

第一巻は『柿本人麻呂』、第二巻は『山上憶良』、第三巻は『小野小町』。以下、『藤原定家』『源実朝』、さらに『北原白秋』『与謝野晶子』、現代では『塚本邦雄』『寺山修司』など。個人単位とは別に、『東歌・防人歌』『今様』『源平の武将歌人』『おもろさうし』『僧侶の歌』『アイヌ神謡ユーカラ』『辞世の歌』と多彩。きょうはどれを読もうかといった楽しみも生まれる。歌のシリーズとしては画期的な編成だと思う。

そのなかの一冊、見尾久美恵『若山牧水』を開いてみたい。

若山牧水（一八八五―一九二八）は宮崎の生まれ。「白鳥は哀しからずや」などで知られる国民的歌人。石川啄木とともに、時代を超えた愛誦の名歌を数多く残した。ぼくは高校のとき、教科書で牧水の歌を知った。

「白鳥《しらとり》は哀しからずや空の青海のあをにも染まずただよふ」

日本人にもっとも愛される歌のひとつ。どんな風景にも染まることなく漂いつづける白鳥のイメージは、羽をひろげ、読む人の心を通過する。

「幾山河《いくやまかは》越えさり行かば寂しさの終《は》てなむ国ぞ今日も旅ゆく」

本書の口語訳は、「いくつの山を越え、いくつの河を渡れば、この寂しさの果てる国にたどりつくのであろうか。私は今日も旅をつづける」。旅の世界をうたった名歌だ。

「山奥にひとり獣の死ぬるよりさびしからずや恋の終りは」

山のなかのけもののようすなんて、ぼくは見たこともないのに、あるいは、作者自身にもそのような体験がいくつもあるとは思えないのに、たとえとしてはとてもふさわしいように思えて少しの違和感もない。さきほどの「寂しさの終てなむ国」も同じ。こちらは、寂しさのきわまる境地など十分に体験したこともないのに、その光景が歌を読み味わう側の、たしかな見聞として刻みこまれる。そんな歌なのだと思う。

「けふもまたこころの鉦《かね》をうち鳴しうち鳴しつつあくがれて行く」

この「こころの鉦」についても同様のことがいえる。この歌を知ると、こころの鉦をもたない人も自分のどこかにあるような気持ちに。もし、こうした歌がなかったなら、人は、こころの鉦どころか、こころについても何も思わないことになる。歌を知るとは、とてもおおきなことだ。

「麦ばたの垂り穂のうへにかげ見えて電車過ぎゆく池袋村」

池袋は、東京の大きな街。この歌がつくられた大正六年ころは、いなかだったのだ。「かげ見えて」の「かげ」は、電車が落とす影だろう。「かげ」の出る位置がいい。一見自然にうたわれたものが多いが、こまかいところまで注意してうたっているので、いつまでも見つめたくなる。

次は、今回はじめて知って興味を感じた一首。

「水無月の青く明けゆく停車場に少女にも似て動く機関車」

詩では、中野重治の「機関車」、「きくわん車」（子ども向けの詩）、山之口貘の「キカンシャ」、俳句では山口誓子「夏草に汽罐車の車輪来て止る」など、機関車の詩歌は少なくない。それらの機関車は、いずれも男性的で、たくましい存在となっているが、牧水の歌では、「少女」なのだ。

初夏の夜明け。「鉄でできた機関車の肌が朝の柔らかい光を反射し、少女の肌のように白く輝く一瞬」をとらえたものという（本書）。牧水にはこんな世界もあるのだと思った。他にも新しいことが見えてくるかもしれない。

せきりゅうの花

好きな本を、何冊も買うことは、十代のころはあまりない。一冊あれば十分だ。もしかしたら一冊もなくても十分という気持ちかもしれない。人に借りて読んでもいいのだから。それほど書物に対する意識はうすい。少しおとなになると、好きな本や、大切にしたい本を一冊だけでなく、もう一冊そなえたくなる。

高校のとき、梅崎春生の『幻化』（新潮社・一九六五）と出会い、それからその本をこれまでに数冊買った。何冊か買うのは、これがきっかけだったと思う。

同じものがいっぱいあっても意味がないと思う人もいることだろう。たしかに、同じ本だけれど、よく見るとそれぞれにちがう。箱の文字の位置、活字の濃淡など決して同じものはない。箱のなかのりんごや、みかんや梨が、一つ一つちがうように。何冊かあると、楽しみが一つも二つも加わるような気持ちになる。書物を愛する人には理解してもらえるかもしれない。

結城信一『石榴抄《せきりうせう》』（新潮社）は、五冊所蔵している。この作家の著作としては異例のことに、第五刷まで増刷された。てもとには第一刷（一九八一年七月一五日）が二冊、第二刷（一九八一年八月二五日）が一冊、第五刷（一九八二年三月二〇日）が二冊ある。以上、五冊だ。一冊は、読書用なので、読みあとがある。他の四冊は、箱も、帯も色あせないように包装して保存。

表題作「石榴抄」は、歌人・書家として名高い会津八一（一八八一―一九五六）の身辺にいて、彼を支えた一人の女性の生涯を描く、結城信一の代表作だ。若くして亡くなった彼女を追想する会津八一の歌「かなしみていづればのきのしげりはに／たまたまあかきせきりうのはな」。そこから「石榴抄」の題となった。せきりう（せきりゅう）は、石榴《ざくろ》のこと。読み返すたびに二人の心の世界が現れてきて、感銘深い。

会津八一の教え子たちの青春をつづる短編「炎のほとり」「炎のなごり」も、とてもいい作品だと思う。「私」の友人・毛利は、雨宮麻矢子に思慕する。彼女は東京・赤坂の菓子の老舗の次女で、毛利の気持ちを知りながらも結婚をためらう。絶望した毛利は遺書を残し、奈良に向かうが、八朔先生（会津八一）からの電報を見て、帰京する。毛利のことを案じる「私」のようす。

「……微熱がとれぬまま、私は勤め先の学校を休んでゐた。暁方と夜中には、烈しい盗汗で、息がくるしくなる。

小窓の外にある自生の榧《かや》の木が、なぜか遠くの方に見える。見つめてゐると、更に遠くの方に木が動く。」（「炎のなごり」）

二つの短編は、毛利の恋愛を、毛利の友人である「私」の立場で見つめる、友情の物語なのだ。いまのほとんどの小説は、読者に合わせ、わかりやすくするために、恋愛をしている当事者の視点で書く。第三者が、二人のようすを見つめることで、二人の心のなかにあるものとのかかわりを深めるものはあまりない。「私」は彼ら二人の心に目をこらし、側面からではあるが、ていねいに描く。行き過ぎはない。粗雑にならないよう注意しながら、こまやかに書く。

「鳥籠　あとがきにかへて」で、結城信一は、会津八一の随想「小鳥飼」の一節を引用する。野の鳥は自然でいいが、籠の鳥は不自然で面白くないという人がいることについて、会津八一は、次のように記す。

「もし人が、もつと柔かい気持で、もつと近寄つて見るならば、野の鳥からも、また籠の鳥からでも、もつと多分に自然な味が見出せるであらう。」

とてもいい見方であり、心に刻まれることばだとぼくも思う。結城信一の小説もまた、それぞれの人に、近よることで生まれたものだ。師である会津八一、尽くした女性、毛利、麻矢子、それぞれの思いによりそう。それが結城信一の小説の世界なのだ。『石榴抄』の一冊を読みながら、そう思う。

読むときのことば

屈原、李白、杜甫、白楽天の名前くらいしか知らないぼくも、この本には引きこまれた。

川合康三編訳『新編 中国名詩選』上・中・下（岩波文庫）は、同名の岩波文庫（松枝茂夫編・一九八三—一九八六）から三〇年ぶりの「新編」だ。約五〇〇首を選んで鑑賞する。

上古、「詩経」から唐（初唐、盛唐、中唐、晩唐）、北宋、南宋、元、明、清まで時代別に全三巻。まず時代ごとの概観。そのあと詩人別に。作者の紹介→原文→訓読→語注→訳→補釈。この手順は、従来の類書とほぼ同じ。内容はどうか。

たとえば杜甫「春望」の第一句。原文（國破山河在）。訓読（国破れて山河在り）。訳（都は打ち壊されても山河は存する）。「訓読」は、日本人の理解に有効だが、とらわれすぎて原文のおもむきを損なうことも。「訓読に頼るために、日本語訳が西洋の翻訳のようには発達しませんでした」と、冒頭の「はしがき」で編訳者は記す。だから「訳」「補釈」は重要になる。

同「はしがき」によると、「訳」では「原文にないことは加えない。原文にあることは省かない。そうすることによって原文との透明な関係を目指しました」。「補釈」は「訳」の「透明な関係」をさらに整える。自然は山も河もあり、草木も春の営みをするが、「それに対して人の世界は秩序を失っている」「戦禍の苦しみが世間、家族と絞られ、末二句で自己に収束する」と。「補釈」によって詩は生動し、鮮明になる。

韓愈《かんゆ》の、早春をうたう七言絶句の「補釈」には、「若草は、離れて全体を見ればそれと知られるが、まだわずかであるために近寄ってみれば見えない。そんなきめ細かい目で早春の景を喜ぶ」とある。詩の作者と同等のこまかい動きが「補釈」にも感じられる。こうして詩を読むときの新しいことばが生まれるのだ。それをたどることが、本書を読む楽しさである。

張籍《ちょうせき》「秋思」は、故郷への思いがつのり手紙を書くという内容の詩。末二句は、「訳」では「急いで認《したた》め言い尽くせなかったかと気になって、旅人の出立前にもう一度封を開く」だ。「補釈」では、「手紙を届けてもらう人の出発間際になってもまた封を開いて書き足す。いかにもありそうな日常の一齣を取り上げて、家にのこした家族への思いをうたう」。

原文は「行人」だから、「訳」では単に「旅人」と記すことになる。実は、ここでの「行人」は手紙を托する人（すでに「語注」にある）。だからそのことを踏まえた「補釈」で、「手紙を届けてもらう人」ということばが出てくるのだ。

こういうふうに、こまかく見てみると、とても感動的だ。ひとつひとつの詩に、いのちがふきこまれる。「補釈」については「はしがき」で、「意味のない美辞麗句を並べることは排し」たとある。これまでの鑑賞文とは異なるものだ。これが本書の「秩序」なのだと思う。

中国の詩、三〇〇〇年の歴史を見渡す「解説——中国の詩」（下巻）は「中国の詩の特質」「詩の作り手と受け手」「詩の題材」「詩の形式」「詩の情感」の五項目。北宋末の李清照など、数少ない女性詩人についての叙述も理解を深める。「友情詩の背後には大量の恋愛詩があったと想定したい」。新しい見方を示すときも、とてもていねいだ。

同じ内容の「はしがき」が、上巻・中巻・下巻、すべての冒頭に付いているのも親切だ。このうちの一冊だけをもって外に出ても、「はしがき」を読むことができる。これはどういう本なのかということが、いつでもわかるのだ。

情報のなかの私小説

瀬戸内寂聴の最新長編『死に支度』（講談社）は、「老鶯《ろうおう》」「春の革命」「母コハルの死」「春の雪」「てんやわんや寂庵」「点鬼簿」など全一二章で構成されている。

「コーヒーがほしいなう」

「オッケーなう」

これは九一歳の「私」と、二五歳のモナ（秘書のひとり）の朝の会話だ。なんだか、とても楽しそう。

年も年。「死に支度を急がねばならぬ」。とはいえ、東北の奥まで定期的に法話にでかけるし、すきあらば外国へも飛ぶ。突然、選挙演説で「政治参加」。宝塚歌劇の記念の作詞も、ふうふう苦しみながら書く。九〇歳を超えた「私」の日々、その一年分を記す。

書く意欲がなかったのに、「選挙のため上京の用意に書きだめの仕事を始めたら、不思議な力が体の中心から湧き上ってきて、私はたちまちいきいきしてきた」。

心に浮かぶことがらも記す。深刻な話から、普段の風景に。「私」から一転、「私」を見る人の視点に切りかわるところなども面白い。

瀬戸内寂聴のように自由に思い切り生きて華やかな人は「この世」にはいないかもしれない。でもその心のなかにはいま何があるのか。

寂聴さんだとわかると、人は笑顔になり、握手をもとめ、「いつまでもお元気で」「百まで大丈夫ですね、どうぞお達者で」という。

寂聴さんがどうしているかは多くの人が知るところ。だから「私人」から遠いのだ。日本の文学者で、これまでこんな人はいなかった。その人に「私小説」は可能なのか。自分という個別の生をどういとなむか。それは情報化にさらされ、透明性を深める時代に生きることの意味を知ることにつながる。瀬戸内寂聴の文学は、多くの人の生き方にかかわるのだ。

「真夜中、机に向い原稿を書きつづけ、ふと疲れきってうたた寝している時などに、私は自分の肩から背のあたりにより添う、何かのあたたかな気配を感じることがある。」

静かに心の空気をたどる、美しい文章だ。いっぽうで、人を伝える短い記述にも、ぼくは魅せられる。亡くなった人たちの素描、「往生要集」の源信についてのくだりなど。いずれも紹介ではない。すでに知ることの復習でもない。

まるで初めてその人について語る。あるいはそのことがらについて触れる。そんな自然さと初々しさが感じられる。だから読む人の気持ちも、その文章によって、おおきく開かれるのだと思う。著者は書くだけではない。話すこと、聞くことを通して世界を見てきた。たしかめてきた。それは文学の新しい姿となった。

親鸞

「鮎」「厭がらせの年齢」「悔いなき煩悩」「青麦」などの名作で知られる丹羽文雄（一九〇四―二〇〇五）は、三重県四日市市の浄土真宗の寺の生まれで、一時僧籍にあった。長編『親鸞』は一九六九年初版、小学館刊行の本書は新編、全七巻。第一巻は、芥川龍之介「羅生門」などで知られる今昔物語集のいくつかの逸話を編み直してゆるやかに始まり、親鸞誕生の時代背景を照らす。第二巻は比叡山を出て、新たな修行に入り、煩悩とたたかいながら妻帯までの過程。幼いとき父母を亡くした松若麿《まつわかまろ》（親鸞）は、伯父日野範綱のもとで育つ。そこに出入りする五郎七ほか庶民の男女とのふれあいや、空也、源信、法然など先人の信仰が胸にきざまれるようすを描く。「堂衆」とは何か、「参籠」とは何かなどの説明も要所に配すなど、全七巻を通して仏教理解のための知識を授けてくれる。いま、これを読む人たちのために、できるだけ行き届いたものにする。それが現代作家丹羽文雄の基本姿勢である。このあと著者は大作「蓮如」に向かう。

秋から春の坂道

中学のときだ。「日本海作家」という福井で発行されていた文芸誌に、林よし、という女性が小説を書いていた。巻末の住所一覧を見ると、同じ町の金井という地区に住む人だ。年輩の女性らしい。ぼくの住んでいるところから二つ橋をわたり、川沿いに南へ向かったところだ。歩いたら三〇分くらい。近所に、作家がいることに、感動をおぼえた。胸が高鳴った。作家という存在は遠いものと思っていたから。作家といっても、地方の同人雑誌の書き手だ。広く知られているわけではない。でもこんないなか町に、ひとりの作者が、書くという営みをつづけていることを知ったのだ。五〇年も昔のことである。

こんなことを以前文章に書いたあと、確かめたい気持ちが起こり、この町の文化や歴史についてよく知る人に訊ねてみたけれど、そんな人は知らないという。五〇年も経過すると、いろんなことが見えなくなるのだ。だからやはり、そのときに、それを知ったとき「もう少し知っておく」ということが大切ではないかと思う。でも十代のときは、何かとやることが多いので疑問や興味をもってもそこにとどまれない。「もう少し知っておく」ための時間がない。十代を過ぎ、おとなになると疑問や興味が出てこなくなる。だから十代は、大切な「時代」なのだ。

次は、少しだけ知ったという話。大学二年のときのことだ。

中学で、主に歴史を教えていた先生。担任ではなかったが、この町を舞台にした近代・現代の文学作品を一冊の本にまとめたい、それで学生のぼくに手伝ってほしいという。文学部にいるから何かと知っているだろうということなのだ。ぼくはいろんな本を調べた。そして、この町を描きながら、これまで知られていなかった著名作家の作品をいく点か見つけることができた。その作品を複写。とはいえ当時複写機は普及していないので、書き写して、帰省のたび先生に渡した。先生は、夜、ぼくの家（同じ町のなかではあるが）に来て、受け取った。そして二人で話した。それにしても、先生が、教育とは別の仕事で、もと生徒の家に来るなんてあまりないこと。先生との語らいのひとときを、いまもぼんやりと思いだす。

阿部知二（一九〇三―一九七三）は、この町を舞台に「穏かな魂」（「改造」一九三八年八月号）を書いた。若き知人の心の足跡を求めて、断崖のある町を訪ねるという内容の紀行風の小説だ。学生のぼくは、阿部知二さんに手紙を出した。「穏かな魂」を書いたときのいきさつを訊ねると、阿部さんから、とてもていねいな回答が届いた。

この「穏かな魂」をはじめ、その町ゆかりの名作は多くの数にのぼった。それらは原文のまま全編収録。一九七一年、六〇〇頁の大冊となって町から刊行された。大学四年のときだ。

阿部知二の代表作は、一九三六年に書かれた「冬の宿」（『冬の宿』講談社文芸文庫・二〇一〇）である。「宿」とは、主人公の学生が寄宿した家を指す。下宿先のことだ。その霧島家の「秋から春にかけての出来事」を学生の目を通して描く。

夫・嘉門は、本能と衝動で生きる大男だ。ときどき「ウオーッ」と叫んだり、「あーんあーん」と駄々をこねたりする。妻・まつ子は、そんな粗暴な夫にも耐える、敬虔なクリスチャンだ。極端に性格のちがう夫婦が、対立しながらも、溶け合うように生きていく。

別れの日。荷車に荷物をのせて、引っ越していく二人。坂道で、ひとりずつ消えていくラストの場面は、なつかしい人の思いが、すべて消えうせていくようなさみしさを感じさせる。

「まもなく、角の石垣の蔭に、まず嘉門が、それからまつ子が、隠れて行ったが、車の音はしばらくつづいてきこえた。」

阿部知二「冬の宿」は昭和期屈指の名作だ。何度読んでも心がふるえる。日本にはこういうすばらしい小説、深みのある作品があるのだ。「冬の宿」と「穏かな魂」。二つは、ぼくにとっても忘れがたい作品である。なお「穏かな魂」は、『阿部知二全集』全一三巻（河出書房新社・一九七四—一九七五）には収録されていない。

大空の井戸

尾崎翠の新しい文庫『第七官界彷徨・琉璃玉の耳輪 他四篇』（岩波文庫）が出た。

尾崎翠（一八九六—一九七一）は、鳥取・岩美の生まれ。日本女子大中退後、長編「第七官界《だいななかんかい》彷徨《ほうこう》」（一九三一）で一部の人に注目されるも、神経の病いに苦しみ、郷里に戻った。周囲にも作家であることを知られないまま、七四歳で死去。交信を絶ったあとの、三〇余年の消息は不明な点が多いが、戦後の一時期、純綿の布で雑巾をつくり、汽車で豊岡（兵庫）あたりまで売り歩いていたという。

没後、尾崎翠は甦る。最初の全集『尾崎翠全集』が一九七九年、創樹社から出た。そのあとの『ちくま日本文学全集・尾崎翠』（筑摩書房・一九九一）は再評価を決定づけた。以後、筑摩書房『定本 尾崎翠全集』上・下（一九九八）、ちくま文庫『尾崎翠集成』上・下（二〇〇二）、河出文庫『第七官界彷徨』（二〇〇九）とつづいた。でもこのたびの岩波文庫で尾崎翠を知る人も多いかもしれない。

代表作「第七官界彷徨」は、風変わりな一家の日常をつづる。分裂心理医の一助、「植物（蘚《こけ》）の恋愛」の研究にいそしむ二助、二人の妹で炊事係の「私」、音楽学校受験生の従兄、三五郎。

「この家庭では、北むきの女中部屋の住者であった私をもこめて、家族一同がそれぞれに勉強家で、みんな人生の一隅に何かの貢献をしたいありさまに見えた。私の眼には、みんなの勉強がそれぞれ有意義にみえたのである。」

充満する肥料の匂い、哀切なピアノの音。でも彼らは「勉強」という一点で結ばれている。「私」の目標は第六官（感）を超えた「第七官にひびくような詩」を書くこと。そういえば昔は、机の前にいると、部屋をのぞいた人は、「お、勉強だね」と言ったもの。なんの勉強かはともかく、勉強する人を、いたわった。だいじにした。人が何かを求めて時間を過ごす。その誠実な姿勢があらためて良いもの、美しいものに感じられる。

次の行動へ移る場面が多いのも印象的。「浜納豆は心臓のもつれにいい」と長話をしたあと、「僕はこうしてはいられない」とあわてて出ていく。四人とも切り替えが速い。「私」が兄たちの部屋を出るときの空気にもふれていく。ひとつの文章ごとに世界を開く。

地方の少女だった尾崎翠は投稿誌の短文欄から出発した。「松林」（傑出の短編・全集に収録）や「花束」には、当時の修養が生かされる。この「第七官界彷徨」は、若き日の「短文」の分割と綜合から生まれた名作なのかもしれない。

隣家の人はいう。「私の家族はすべてだしぬけなふるまいや、かけ離れたものごとを嫌う傾向を持っていますけれど」と。「私」たちはそれこそ「かけ離れた」一家なのだが、こうして逆からの見方も描く。

「彼の心理にもこの大空は、いま私自身の心が感じているのとおなじに、深い井戸の底をのぞいていている感じをおこさせるであろうか。第七官というのは、いま私の感じているこの心理ではないであろうか」。相手を想像するときのことばもきれいだ。いたって知的な小説なのに、不思議な静けさと柔かみがある。文学にはこのようなことがあるのだ。

とある家屋の情景。「あたりにただよっている古風な香気を感じ、そしてこの建物が私たちの住んでいる家屋にも増して古びていることに気づいた」。

小さな箇所に、こまやかな意識の活動が感じられる。表現の片隅に眠るもの、まだ未来にしか見えないものがいくつもあるようだ。だから「第七官界彷徨」を読んだ人は、そのあともこの作品のことを思いつづけるのだろう。没後発見の映画脚本草稿「琉璃玉《るりだま》の耳輪」他を併録。

目に見える風景

『瀬戸内海のスケッチ』（サウダージ・ブックス）は、黒島伝治（一八九八—一九四三）の作品一〇編を収録。山本善行選。代表作を収めた岩波文庫『渦巻ける烏の群 他三篇』（一九五二・改版一九七三、現在二五刷）とは重複しない。

黒島伝治は、香川県小豆島の貧しい農家に生まれた。地元の醤油会社に勤めたあと、早稲田予科に入った年に召集。苛酷なシベリア出兵の体験をもとに「橇《そり》」（一九二七）「渦巻ける烏の群」（一九二八）など一連の反戦小説を書き、高い評価をうけた。最後の一〇年は肺患悪化のため、ほとんど筆をとることなく郷里小豆島で亡くなる。四四歳の若さだった。

この『瀬戸内海のスケッチ』は地元の刊行でもあり、主に小豆島が舞台。「砂糖泥棒」「まかないの棒」などは貧しい農村に材をとるが、密度は高い。表題作「瀬戸内海のスケッチ」は、生前未発表。戦時中、小豆島で書かれたものと思われる。

「無花果がうれた。青い果実が一日のうちに急に大きくなってははじけ、紅色のぎざぎざが中からのぞいている」という初秋の景色から、台風の話へ。下駄船が難破して、海面に下駄が散乱。それをみんなで拾い集める。「赤塗りの下駄、主人の下駄、老人のよそ行き、等々家族みなのを集めて行く者」も。下駄屋のおかみさんまで、かけつけるようすをスケッチする。どちらかというと暗い話なのに、語りは明るい。文章の構成もすばらしい。

「「紋」」は、老夫婦と、猫の話だ。

〈古い木綿布で眼隠しをした猫を手籠から出すとばあさんは、

「紋よ、われゃ、どこぞで飯を貰うて食うて行け」と子供に云いきかせるように云った。

猫は、後へじりじり這いながら悲しそうにないた。〉

これが最初の文章。「紋」という猫を、捨てに行く場面だ。紋は、よその家から食べ物を盗むので、近所から文句をいわれる。風呂を借りる家からも冷たくされ、一カ月も風呂をもらうことができないので、仕方なく捨てることに。遠くの村へ捨てても、紋は戻って来る。本土へ運ぼうとしたとき、紋は海に落ちて死ぬ。猫のようすは、ほんの少ししか出ない。なのに文章全体からここで起きることのすべてが見えてくる。そんな書き方だ。小説は描くことではない。もっと別のところで、だいじなものを包むものかもしれない。

中編「田園挽歌」。貧しい家から来た嫁、お十が一応のヒロインだが、そのうちに少しずつ人影がふえて支点が移動。絵巻物のような展開をとおし、心の歪みが映しだされていく。「『紋』」も「田園挽歌」も、現代の小説を読むときのように、物語の首尾を見いだすことはむずかしい。全体から、にじみでるものを味わいたい。

「本をたずねて」は、東京でのこと。列車の窓から落っことした一冊の本を、線路際（高田馬場・目白間の西側、いつかぼくも歩いてみたい）へ探しに行く。表紙が、そしてあきらめかけたとき、ページをつけた本体が見つかるというものだ。こうした素朴で単純な話と思われる作品もとてもいい。目に見える風景と、一段奥のものがある。そこから人が生きること、時を過ごすことの感興がしみいるように伝わるのだ。これは巻末の名作「雪のシベリア」の手法にもつながる。見るだけではない。見えない側にもひろく深く目を向ける人なのだ。

黒島伝治は、どんなときにも、心に強く残るものを書いた。『黒島伝治全集』全三巻（筑摩書房・一九七〇）は、近代文学屈指の個人全集である。本書『瀬戸内海のスケッチ』を読んだ人が、いつの日か初期の名作「電報」「二銭銅貨」に出会うとしたら、そこからまた、風景がひろがることだろう。

全体のための一冊

山田太一の『月日の残像』（新潮社）は、季刊誌「考える人」に連載したエッセイをまとめたものだ。四百字詰原稿用紙で一〇枚ほどの文章が、合わせて三五編。一〇枚という長さはエッセイとしては「中編」の部類かと思うが、その長さにふさわしい深みと、おもむきがある。

幼少期の体験、助監督時代の思い出、日常のできごとから、映画、小説など作品世界の話まで、題材は多彩。木下恵介、向田邦子、市川森一、寺山修司などの人物論や、読書にまつわるものもある。思ったほどまっすぐに進まないところも魅力かもしれない。いまこのことについて書いているけれど、これは何を書いていくものなのかということを、いくつかの時点でたしかめながら書くのだ。

「時折、夕食をとりながらのんだり、しゃべったりする友人がいる。しかし、結局話の大半は忘れてしまう。会っているときの大ざっぱな残像以上になにを知っているのかと考えると、呆れるほど心もとない。ただもう残像のよさでまた会うようなものだ。それが一番確かだという思いもあるが、ことによると本人とはかけはなれた勝手な絵を描いているだけかもしれない。」（「下駄を履いていたころ」）

この「残像」は、本書の表題の一語でもあるが、「残像のよさ」ということばも印象的だ。作者としてはさほど心にとめずに使っているのかもしれないと思うことで、さらにこの文章は印象を高める。いま引いたところがそうであるように、ひとつの文章のなかに、いくつかの「残像」がある。流れでる。それが読む人の注意を引く。

次は「シナリオライター」。あるシナリオライターが、どういう扱いをうけても、穏やかに自分の仕事をするようすを見て、「その事務的な対応、無抵抗の印象は、私のシナリオライターについての偏見の基礎となった」。そのあとは、アルベルト・モラヴィアの長編「軽蔑」の一節。「シナリオライターは、彼がその映画作品に対して自己の最良のものを注ぎ込みながらも、自分の個性を、ほんとうに表現したことを確認できる喜びを持つことのできない芸術家である」のくだり。その少しあとで山田太一は書く。「だったら誰よりもシナリオライターがその不当に声をあげればいいではないか、ということになるが、それをしないのもシナリオライターになる人のタイプのような気もする」。作者は、「三十近くなったころの私の迷いの種だった」ということばで、このエッセイを結ぶ。

この「中編」をたどっていくうちに、ぼくは、映画監督、助監督、製作者、俳優、シナリオライター、さらにはそれらの人影を通して、この世のすべての人を知るような気持ちになることができた。なんとエッセイとはおおきくて、ひろくて、あたたかいものなのだろうと思った。人物やできごとの書き方、おさえ方にかたよりがない。それで、こちらもかたよりのないまま展開に身をゆだね、この世界を感じとるのだ。こういう文章はおのずと読む人のありかたや立場をこえて、深い印象を残すものである。

「消えた先の夢」も、心に残る。テレビドラマ「七人の刑事」の資料を集めて、一冊にした人の話だ。昔のものだけに、この時点でわかる範囲で、という気持ちから、その人がつくったものらしい。「これは限られた人だけが享受できる詩なのだ」と、山田太一は思うのだ。

本書には「抜き書きのノートから」と題するエッセイが二編あるが、その箇所だけではなく、ほぼ全編にわたって、さまざまな人のことばや作品が登場する。磯田光一の批評、阿部知二の短編、山之口貘、中桐雅夫の詩など。なかには、「限られた人だけが享受できる」ものもあるのかもしれない。だが山田太一はそれらのひとつひとつを重要な景色のなかに置く。文化のたいせつな「残像」を伝えるという面でも心を尽くしているように思われる。ちいさな日常とおおきな世界の区別なく、その全体を心にかける文章は貴い。エッセイ集の真価を示す一冊である。

ブラジルの代表作

『ドン・カズムッホ』は、ブラジルの文豪マシャード・ジ・アシス(一八三九—一九〇八)の代表作。一九〇〇年刊。特別な新しさをもつ、素晴らしい長編だ。このほど光文社古典新訳文庫(武田千香訳)で刊行された。

著者の父は、黒人奴隷の血を引くペンキ職人。母はポルトガル・アゾレス諸島からの移民。貧しい家に生まれたマシャードは、印刷工として働きながら独学で文学の素養を身につけ、近代ブラジル最大の小説家となった。語り手の「わたし」ベンチーニョは、隣家の少女カピトゥと仲良し。二人は結婚するが、生まれた子の父親は友人ではないか。疑惑までの曲折をつづる。題「ドン・カズムッホ」は偏屈卿、むっつり屋の意味。

一五歳からの経過をおとなになった「わたし」が、寄り道しながら回想する。一四八章の短章で構成。「引き波の目」「髪結い」の各章が少女カピトゥの話、次は「ぼくは男だ!」「使途座書記官」、その少しあと「心は謎だらけ」「ああ、びっくりした！」と、まるで自由詩の展開。リズムがある。こちらもすいすい進む。外国の作品で、こんな体験は、まれなこと。とてもこんなに長い小説だとは思えないのだ。

夢のなかで、皇帝と話をする「皇帝」、曇りの日に外出しない「結婚後」、長椅子と人数の関係「長椅子」、所長代行をはずされ落胆したのに、そのうち元気が戻り代行時代を熱く語る「所長代行」と、つながりなど忘れて各章を楽しむことに。「ときどき右肩を揺する癖があったが、あるとき神学校で仲間の一人がそれを指摘すると、癖はなくなった。人間が細かい欠点をみごとに直せるのを見た、最初の例だった」。こんな点にも目をあてる。

特に印象的なのは、歴史や書物を配置する場面。病気で、読書にふける少年マンドゥッカ。「書くのが好きだった彼は、まるで劇的な新薬を相手にするかのように、この論争に打ち込んだ。さびしく長い時間が、いまは短く楽しいものになった」。マンドゥッカと「わたし」、二人の子供の論争はクリミア戦争をめぐって展開。この場面ひとつで、遠い歴史の話の輪に入るような心地になる。「ホメロスの牛」、シェイクスピアの一節などもごく自然に文章におりこむ。軽やかだ。

二八三頁に、「当時は、デートには馬ででかけるのが習慣だった。アレンカールを読み返してほしい」。アレンカールって誰かな。注をみると、「ブラジルのロマン主義の小説家（一八二九〜一八七七年）ブラジルの小説の創始者の一人」とある。いまの日本では読まれない、おそらくずっと読まれないかもしれない作家なのに、その名前がきらきらと輝く。この長編全体の文章の流れがこころよいので、知らないことまで透きとおって見えてくるのだ。こってりと時代を書く必要などない。歴史のこともこのくらい。「わたし」の回想もこのくらい。それでも必要なものは伝わる。いまいろんな場所で本を書く人にもだいじなもの、宝石のようなものがこの小説にはいっぱいちりばめられているように感じた。

思えば、第一章「題名について」の結びに、この物語の要点があったのかもしれない。「本には、それを作者しか実感できないものもあるが、それほどではないものもあるのだ」。書く人とは思えないほど柔らかい見方だ。このように、作者をものごとの中心に置くことはしないのだ。できるかぎり特殊なもの、過剰なものを遠ざけて、標準的な世界の深みを照らしていく。それがマシャード・ジ・アシスの世界なのだと思う。

ラテンアメリカ文学は、中南米の国家の数が優勢なスペイン語圏の文学が中心。ポルトガル語のブラジルの作品は、西欧でも日本でも紹介がおくれた。だが一九世紀半ばのマシャード・ジ・アシスの出現以降、ブラジル文学独自の世界が築かれていった。『ドン・カズムッホ』は、南米の「文学大国」ブラジルを代表する傑作である。

椿姫

恋愛を書いたものとして、これ以上哀切なもの、美しいものはない。それがデュマ・フィスの『椿姫』だとあらためて思う。その『椿姫』が角川文庫で出た。西永良成訳。

一八四八年、いまから約一七〇年前の作品。直訳の題「椿をもつ婦人」では「だれも読む気にならなかっただろう」(本書解説)。一九〇三年、日本最初の長田秋濤訳は『椿姫』。みごとだ。『椿姫』は現在、岩波文庫、新潮文庫にあるが、今回の角川文庫は光文社古典新訳文庫(二〇〇八)の新版だ。比較してみると、主語と読点の位置などもかなり改まる。『椿姫』決定版とみていい。

若き美貌の高級娼婦マルグリットは、青年アルマンと出会うことで真実の愛を知るが、青年の父の説得を受け入れて、身を引く。青年は去り、マルグリットはさみしく死んでいく。その悲恋の軌跡を鮮やかに描く。

ぼくの心にしみるところ。ひとつは、見舞いだ。お互いを知らない段階。マルグリットが病気だと知ったアルマンは、名前も告げず二カ月間、回復を知るまで毎日、見舞いに行く。わがままでややこしい性格のマルグリット。愛されたことはあるが、人を愛したことはない彼女の心を動かしたのは、この見舞いだ。好きになることは、なによりもまず相手の健康を祈ること。これに尽きる。「あなたがじぶんではなく、あたしのためにあたしを愛してくれるからなの」ということばは、恋愛をする人にとってはもっとも読みとりにくいものかもしれない。『椿姫』には、心の根幹にかかわる大切なことがたくさん書かれている。惜しみなく書かれている。

もうひとつは、恋愛の当事者による「論戦」である。以下、二人の対話。一部簡略に。

「いったいどういう気持ちからなの?」「献身です」「その献身はどこからくるの?」「やむにやまれぬ同情からです」「あたしに、恋しているってこと?」「そうかもしれません。でも、もしそう言わねばならないとしても、それは今日ではありません」「でもそんなこと、けっしておっしゃらないほうがいいわよ」「どうしてですか?」「その告白からはふたつの結論しか出てこないから」

対話は、どこをとってもきびしい調子のものだが、愛をめぐることばとしてこれ以上ないほど徹底した印象を与える。この論戦は互いの思いと知恵を尽くすものだけに透明度が高い。おそらくいまも、すべての恋愛はここに示されたような対話を十分に体験することなく行われているはず。人の心にほんとうは生まれるものでも、それを知らないまま通り過ぎてしまう。そういう人の心があるかぎり、『椿姫』は永遠の生命をたもつことになるのだ。

さらにひとつ。さりげないことばにも測り知れないものがあり、その重みがしっかりと書きとめられて、こちらに伝わることだ。アルマンの父の懇願を聞き入れる場面は、何度読んでも胸を打つ。息子の知らないところで話しあうアルマンの父と、マルグリット。息子のこのあとの動きを案じる父に、マルグリットはいう。

「ああ、ご安心ください。あのひとはきっとあたしを憎むことになりますから」

このひとことに、たびかさなる対話と、現実の行いを通してアルマンを理解する、マルグリットの心の姿が示されている。すきのない構成。こまやかな、気持ちの動き。ことばと思考のかぎりを尽くす『椿姫』は、ひとつずつ文章をたどると、感動が深い。人を好きになる。そのときも、ひとつひとつ見ていくことが大切なのだろう。

貝の消化

岩波文庫『水車小屋攻撃 他七篇』（朝比奈弘治訳）は、長編『居酒屋』『ナナ』で知られる自然主義文学の巨匠、エミール・ゾラ（一八四〇—一九〇二）の八つの短編を収録。長編とは異なるシンプルな世界だが、特別な魅力がある。

「その小さな村はどこにあるのだろう?」

普仏戦争（一八七〇—一八七一）前夜発表の「小さな村」は、誰も知らない、平野の片隅にある村の、のどかな情景から始まる。その村が突然、戦場になって多くの人が死に、誰もが知る村に変わる。「重々しく眠る、沈黙した無人の墓地のかずかず。そのほとんどは、ごく小さな集落のかたわらに口をあけている」のだ。「ワーテルローはただの農家の集まりでしかなかった。マジェンタには五十軒ほどの家しかなかった」。戦場の地図を見つめながら、空想が開かれていく。

表題作「水車小屋攻撃」は、ある小さな村が舞台。水車小屋はフランス軍の要塞となり、やがてプロイセン軍のものになり、銃撃戦で破壊され、人々は殺される。その経過を淡々と写しとる。「ジャック・ダムール」は、流刑地から生きのびた男が一〇年後、妻と娘を訪ねる。以上三編は、戦争にかかわるものだ。同じ写実でも、作風は別人のように異なる。「周遊旅行」は家庭劇、「アンジェリーヌ」は怪談仕立て。

「一夜の愛のために」は、孤独な日々を送る青年が、向かいの館に住む、高貴な令嬢に恋をする。だが令嬢は、ある日、ある男とじゃれあううちに殺意がめばえ、男を殺してしまう。その死体の始末を、青年に依頼。死体処理のさなかにも、令嬢は「自分を待ってくれているのだ」と、青年は思う。愛のない恋。その悪夢の一部始終である。

「シャーブル氏の貝」は、若く美しい妻と、かなり年上の夫。子どもができないのが悩みだが、貝を食べると効果があると医師からいわれた夫は、貝を求めて、海辺の町へ。偶然会った青年と、連れだって歩く妻。何が起きているとも知らず、ついていく夫。「シャーブル氏はそのあいだ二人の後ろに立って」、「貝の消化に専念していた」。これ以上ないと思われるほどに美しい自然を背景に、おかしく、でもどこか愛らしい三人の姿を鮮やかに映し出していく。

スピード感のある文章で、精細に記す。一作一作が新たなもの、異なるものをかかえて、登場する。類似性がない。ゾラは、いま、ここでは、こういうものを書くというレールだけを見つめ、その他のことは考えない。ふだんより見晴しのいいところに立って、静かに筆をすすめ、終わるところで終わる。あれこれで注意を必要とする長編にはない自由を楽しむ。

ゾラ個人の文学的趣味がこれらの短編ではほとんど見られない。いろんな方角を向いて好きなように書くのに、自分寄りのものではない。自分には用はないという空気だ。個人や社会の現状維持をはかるような、いわば右寄りの作品ではない。ゾラの短編を読むと、現代の小説も詩も、いかに右寄りであるかを知る。

うしろから二番目に置かれた「ある農夫の死」は、文字通り平凡な農夫の生死をつづる。何ごともなく生き、死んでいく。つくりも簡素なのに、余韻は深い。これを書いたということだけ、そのことだけを示す。そこに高潔さを感じる。

書くことは、ゾラにおいて、自分を離れることを意味した。大きくひろがる風景を求めつづけた。まわりのものから、これから現れるものからも離れるのだ。そこから、際立つ短編が生まれた。

複数の風景

『別れのワルツ』（西永良成訳・集英社文庫）は、ミラン・クンデラの傑作長編だ。文庫になるのは初めて。

サルトルが「二〇世紀最大の小説」と評した『冗談』（一九六七／みすず書房・一九七〇）、『生は彼方に』（一九七二／早川書房・一九七八）につづく長編第三作だ。クンデラは一九二九年、チェコスロヴァキア生まれ。〈プラハの春〉挫折後の一九七五年フランスに亡命。この『別れのワルツ』は亡命前の一九七三年に書かれた。クンデラの作品はその名を世界に知らしめた『存在の耐えられない軽さ』（一九八四）がそうであるように、詩、哲学、思想、政治、あるいは国家と個人といった諸要素が複雑にからみあうものが多いが、『別れのワルツ』は題名通り、やわらかみのある作品だ。

舞台は首都から離れた、山あいの温泉保養地。「秋になり、木々の葉が黄色や赤や褐色に染まって、美しい谷間にあるその小さな温泉町は、まるで火災の炎に囲まれたように見える」という一行から始まる。

当地に生まれ、治療センターで働く女性ルージェナ。トランペット奏者クリーマとその妻カミラ。医師スクレタ。彼は不妊治療にあたるが、女性に自分の精液を注入するなど奇妙なことをしている。アメリカ人湯治客バートレフ。亡命をもくろむヤクブは、人は自分の生と死の主人になるために成人式には毒薬をもらうべきだと考える人。そして彼の友人の娘オルガなどの「五日間」の行状と心理、出会いと別れを、時間の経過通りに記す。よどみなく流れるように書かれるので読みやすい。各場面は刺激的な心の動きにみたされるが、作品の構造も新しい。登場人物全員に重点があり、主人公を特定できない。それでいてひとりひとりに存在感がある。亡命直前のヤクブが、クリーマの妻カミラと出会うとき。

「ヤクブは二時間後に出発することになっていたので、やがてこの美しい女性の何も彼には残らなくなってしまうだろう。この女性は拒否のしるしとして彼の前に現れたのだ。彼が出会ったのはただ、彼女が彼のものにはなりえないことを確信するためだった。彼はその出発によって失ってしまうすべてのもののイメージとして、彼女に出会ったのだ」。また、ヤクブはこれを「人生の外で」の出会いだといい、「彼の伝記の裏側で生じた」とみる。どのような偶然の接触もこのように魅力的な表現で書かれると、読む人のもとに迫る。ヤクブだけではない。ヤクブとカミラによって「生じる」新しい状況から、複数の風景が次々に生まれ、読む人の意識を押しひろげる。そういう書き方だ。

「なぜ彼女はオルガと連帯しなかったのか?」「なぜ彼は別の女のほうを振り向かないのか?」というように「なぜ」ということばが随所に配置される。道筋の確認のようにも思えるが、そうではなく、重い主題を軽やかにとらえる方法なのだと思う。これが独得のリズムをつくる。そこにある美しいもの、深いものと、読者は心地よく接することができるのだ。他に例のない、散文の動きである。クンデラを知ること、読むことのしあわせをかみしめる一瞬だが、その一瞬がどこまでもつづくのである。

クンデラの短編集『微笑を誘う愛の物語』(一九七〇/集英社・一九九二)の一編に、人は未来のため、まずは「登録」し、それから近づき、「接触」するという理論が記されていたのを思い出す。女性に向かうときの心得だが、人は誰でも人と会うので、ひろく応用できる見方だ。読んでから二〇年が経過するけれど、ときおりぼくはこの一節を思い出す。『別れのワルツ』には、やわらかい空気があるので近づきやすい。ミラン・クンデラをまだ知らない人には、良き出会いの一編になるだろう。

葡萄畑を抜けて

北條民雄（一九一四―一九三七）は、二三歳の若さで亡くなるが、その一年前に発表した名作が「いのちの初夜」（一九三六）だ。主人公の青年尾田は、作者その人と思われる。

ハンセン病と診断された尾田は、東京都下・東村山の全生病院《ぜんせい》（現在、多磨全生園《ぜんしょうえん》）に入る。当時は、病気に対する偏見と差別があり、発病すると強制的に隔離された。

尾田は、全生病院の敷地に入り、暗い気持ちで、長い垣根に沿って歩く。いい枝ぶりの樹があると、死んでしまおうかとも。しばらく歩くと、女性たちの笑い声がきこえる。

「声の方を見ると、垣の内側を若い女性が二人、何か楽しそうに話し合いながら葡萄棚の方へ行くのだった」。二人とも棒縞の筒袖、白い前掛け。彼女たちも患者なのだが、深刻なようすがないので、尾田は少し安心する。

「なお熱心に眺めていると、彼女らはずんずん進んで行って、時々棚に腕を伸ばし、房々と実った頃のことでも思っているのか、葡萄を採るような手つきをしては、顔を見合わせてどっと笑うのだった。やがて葡萄畑を抜けると、彼女らは青々と繁った菜園の中に這入って行ったが、急に一人がさっと駈け出した。後の一人は腰を折って笑い、駈けて行く相手を見ていたが、これもまたあとを追ってばたばたと駈け出した。」

鬼ごっこでもするように、彼女たちは「尾田のほうへ横貌をちらちら見せながら、小さくなって行くと、やがて煙突の下の深まった木立の中へ消えて行った」。女性たちの、明るいようすを見て、尾田は、「とにかく入院しよう」と心に決めるのだった。楽しく笑う二人の女性。そのうちにすわって笑い、また、駈けて行く。こうした楽しげな情景は、ふだんいろんなところで見かけるものだけれど、だからこそ、この場面はとても印象的だ。

病院に入ってみると、現実は想像以上に過酷なものだった。もう何年かここにいる患者の佐柄木は、この病気になってここにいるものはみんな、もはや人間ではない、という。いのちだけがある、そういう存在なのだと。

病気の重い人は、いくらかでも軽い人の世話をしている。絶望のなかにあっても、人間らしく生きる人たち。その情景を目にして、尾田は、この病気の人になりきって生きていくことを心に誓う。やがて一夜は、明けていく。それが「いのちの初夜」という小説だ。

「眼帯記」(一九三六)も、同じく全生病院の状景。

「私」の目に症状があらわれる。この病気の「進行」を意味するものだ。罨法《あんぽう》鍋を囲む人たちを見る。目の充血、炎症を止めるために、水・湯・薬で患部をあたため、もしくは冷す療法だ。そのなかには少女もいた。

「もう盲目の近づいた六人の少女が向い合って鍋を前にして坐り、じっとうつむいたまま罨法を始めた。揃って鍋の中のガーゼをつまみ上げてはしぼり、しぼったガーゼを静かに両眼にあてて手で押さえている。じょじょじょと硼酸水がガーゼから滴たり鍋の中に落ちた。」

目の罨法をしても、なおらないとわかっていても、静かに「空しい努力を続ける」少女たちの姿を「私」は見つめる。北條民雄の作品は、極限に置かれた、いのちの姿を書いた。苦しい状況にあっても、人間は人間を見つめることで生きていくのだ。人の深いところにある強いもの、美しいものを書き表す「いのちの初夜」は、文学の歴史に刻まれた。これからも多くの人に読まれてほしい名作だ。

北條民雄の作品は、創元社『北條民雄全集』上・下（一九三八）、新潮文庫『北條民雄集』（中村光夫編・一九五一）、角川文庫『いのちの初夜』（「あとがき」川端康成・一九五五）、東京創元社『定本 北條民雄全集』上・下（一九八〇／創元ライブラリ・一九九六）のあと、二〇一五年、講談社文芸文庫『北條民雄小説随筆書簡集』に収められた。

聖家族

「けれどもその静かな生活のたたずまいの中にいる青年の無心なさまを眺めると、たとえば光りを浴び風にそよぐポプラの梢を仰いだときに僕の心の中でなにかがゆれるように、僕の心に伝わってくるものがある。」（「落穂拾い」）

本を読む隣家の青年、芋屋のおばあさん、炭鉱の仲間、古本屋の娘など、町の人びと……。講談社文芸文庫『日日の麺麭《パン》・風貌』は「落穂拾い」「朴歯の下駄」をはじめ、小山清（一九一一―一九六五）の代表作を収める新しい文庫だ。

小山清は、東京・新吉原の生まれ。父は盲目の義太夫語り。一七歳のとき洗礼を受ける（のち離籍）。中里介山の塾を出てから、新聞配達をしたり、夕張炭鉱で働いたあと小説を書いたが、五三歳で死去。第一創作集『落穂拾ひ』（筑摩書房・一九五三）など、生前の小説はたった四冊。活動期間は一〇年ほどだが、清らかで、あたたかみのある作品はいまも読者を魅了する。

全集は、筑摩書房から二つ。『小山清全集』全一巻（一九六九）と、『小山清全集 増補新装版』全一巻（一九九九）。

文庫は、切れ目なく出る。以下も題の仮名づかいはその本のもの。新潮文庫『落穂拾ひ・聖アンデルセン』（一九五五）、角川文庫『落穂拾ひ』（一九五七）、旺文社文庫『落穂拾い・雪の宿』（一九七五）、新潮文庫復刊『落穂拾ひ・聖アンデルセン』（一九九四）、講談社文芸文庫『日日の麵麭・風貌』（二〇〇五・今回の原版）、ちくま文庫『落穂拾い・犬の生活』（二〇一三）。単行本は、韮澤謙の審美社から『二人の友』（一九六五）。近年では、新版『小さな町』（みすず書房・二〇〇六）も刊行された。本がなくなると、どこかでまた出る。小山清をめぐる時間は、これからもそのように流れていくのだろう。

こうしてぼくは通いなれた道を歩くように書き進めているけれど、そうではない。本書で短編「聖家族」を読み、小山清の新たな世界を知ったからだ。

「聖家族」は、一九五四年の作品（『日日の麵麭』一九五八）。この文庫の原版まで文庫収録はない。小山清の師・太宰治とともに主要作が同居した希少な一冊『近代日本キリスト教文学全集9』（教文館・一九七五）と全集には収録されたものの、あまり知られていない。「聖家族」は、イエスと母マリア、父（養父）ヨセフの日常を描いたもので「落穂拾い」などとは別種の感興がある。

水瓶を頭に載せた農婦がやってくる。ヨセフは声を出す。

〈「うちのかみさんを見かけなかったかね。」

「見たともさ。マリヤさんなら水汲場にいるよ。」〉

うわー、楽しい。中世以来たくさんの画家、作家が聖家族を題材にしたけれど、ちょっとこれは特別だと思います。「うちのかみさん」だもの。くだけた表現ばかりではない。幼子イエスのかわいい表情、そのイエスを見守る父と母。ある一日の光景が親しみのある、ゆたかなことばでつづられる。疲れ果てて訪ねてきた青年が、イエスの頭上に神の光を見るという夜の場面も。心のすみずみが洗われるような、すてきな小説だ。

「聖家族」の一年前に発表されたエッセイ「聖家族によせて」(『幸福論』一九五五)を読むと、「地上のあらゆる母と子の姿の象徴」である聖母子だけではなく、その陰になったヨセフのことを、作者が心のなかでとてもだいじにしていたことがわかる。

「聖家族」は、これまでの描き方にも、見方にも引きずられることなく、作者のイメージをまっすぐに打ち出したところによさがある。小山清は、文学の新しい情景を創り出した人でもあった。

III

旅

平安期日記文学の代表作「更級日記」は、一〇六〇年ころの成立。本書、関根慶子『新版 更級日記全訳注』（講談社学術文庫）は、定評ある訳注書の新版だ。六三段（他にも分け方があるが、本書の区分）を原文、現代語訳、語釈、参考の順に精読すると、「更級日記」の見方もあらたまる心地がする。

作者は菅原孝標女《すがわらのたかすえのむすめ》（一〇〇八年生まれ）。父孝標は菅原道真の玄孫。父の任地・上総《かずさ》の国から一三歳の秋、帰京。物語世界にあこがれる少女は、入京の翌年、「源氏物語」全巻を読むことがかなったが、乳母や姉と死別。晩い結婚の前後の宮仕えにも幻滅するなど、いくたの面で現実のきびしさを知り、次第に仏の世界へと傾いていく。

ほぼ四〇年間を振り返る自伝だが、並みの人生を超えるほどの特別な個性をもつ人とは思えない。心地よい、平明な文章をつないで折々の心境をしるす。

まずは一三歳のときの、京への旅。

八段、富士を見る場面。「紺青を塗ったようであるところへ、雪が消える時もなく積っているので、濃い色の着物の上に白い衵《あこめ》を着たかのように見えて、山の頂上の少し平になっている所から煙は立ちのぼる。夕方は火が燃え立つのも見える」。燃えている富士山の記録は大変貴重だが、人物の回想も印象的だ。

その前の七段。「足柄山《あしがらやま》という山は、四五日前から恐ろしいように暗く続いて見えていた」のくだりには、山を見ながら一日一日を歩く旅のようすが目に浮かぶ。暗い夜、「遊女が三人どこからともなくあらわれ」、「空に澄みのぼるように上手に歌をうたう」場面。「見た目がまことに小ぎれいなうえに、声までたぐいないほどに歌って、あんなにもの恐ろしげな山中に立って行くのを、人々は名残惜しく思ってみな泣くのだが、私の幼な心には、まして悲しく」とつづく。闇のなかへ消える遊女たちの姿は、強く心に残る。当時の人は遊女たちをどう見たのか。どんな歴史書にもまさる鮮やかさで、心の風景を伝えてくれる。

このときの出会いは、一二段、尾張・美濃の境の野上で遊女を見たときにも思い出され、足柄の女性たちのことが「しみじみと恋しくてたまらなかった」。さらに五八段、三〇年以上あとの高浜（大阪）にも引き継がれる気配。「作者がこれらの遊女の姿を描くところには、男性とは違った感情で、そのあわれさが胸にしみるのであったろう」（本書）。こうした小さな情景一つにも、物語がある。

五四段「越前の友」は、昔とても仲の良かった人が、越前守《えちぜんのかみ》に嫁いでからは消息がなかったが、ようやく便りがあったよろこびをしるす。五七段「筑前の友」も、親しかったのに筑前に行ってしまった女性のことを懐かしさのあまり、夢に見るもの。短い文にも、作者の思いがしのばれ、胸があつくなる。

平均すると、年に一段半。一つか二つの話にとどまる。火事で家が焼けたことも、さらりとしるす程度。大きな区切りとなることにも、あまりふれない。それは作者の生き方、人生の見方を示すものでもある。

各段は、ふとどこからか水がわきでるように始まるものが多く、そこからきれいな流れが生まれる。一段の文章の前に、思いを語りきり、完結した文章のようなものが作者の内部にあるが、その起点となったものは文字としては消滅し、そこから現実の文章が始まる。それがこの回想の基調であるように思う。

文章として現れているところだけを文章とみることにならされた後代の人からは、このような世界は生まれにくい。「更級日記」を読むと、消えたもの、いまは見えないことさえも、いつの日か感じとれる。そんな気持ちになる。

知ることの物語

益田勝実『火山列島の思想』（講談社学術文庫）は、美しく、たしかなことばで日本の昔の人の情景を伝える書物だ。歴史は、そのなかに沈んだ、ちいさな点ひとつをとらえてみても、おおきくて広いものだと感じた。一一編の多くは国文学の専門誌に掲載された。以下副題は省略。

冒頭の「黎明」（一九六六）では、原始社会を始まりとして、「日本人の脳裏では、実に永い間、闇の夜と太陽の輝く朝との境に、なにか特別な、くっきりした変り目の一刻があった」ことを明らかにする。「夜から朝へと時が流れていくのがより古い一日のあり方であった」。夜から朝へという時間感覚が消滅した現代人にはなかなか想像しがたいこと。「日本の歴史の中に、自分に通じるものと、自分とはまるで違うものとを、探り出してみたかった」（「あとがき」）とあるが、「まるで違うもの」に身を寄せて書きしるしたものだろう。

表題作「火山列島の思想」（一九六五）では、「この列島生《は》えぬきの神々」を探し求め、『海底噴火の神」、火を噴く大きな穴をもつオオナモチの神に行き着く。「オオナモチは出雲の国の、あの大国主《おおくにぬし》とも呼ばれる神だけではなく、文字どおりの大穴持の神として、この火山列島の各処に、時を異にして出現するであろう神々の共有名なのである」とは多くの人が知らなかったこと。「古代の出雲人は、神の湯の神聖さを伝えつつも、湯の神の何者かを忘れかけていた」と、はるか昔の人に向けて呼びかけるようにつづる。そしてなにより「火山の脅威や火山灰地帯の生活の苦悩」にさらされる、現代の日本人の足場に直接にひびく論考だ。

「鄙《ひな》に放たれた貴族」(一九五八)は、万葉の歌人大伴旅人の心の変遷をたどる。大宰府の任地から、奈良の都に戻る旅人。「帰京——だが、その時が近づくにつれて、旅人の胸の内には、よろこびと違うもの、一種の恐れが生まれてきたのである」「都もかれにとってはやはり旅であったのである」。残された歌の変化から、老境の曲折をよみとる。都市と地方への見方は現代でも変わらない。「都誇り」の淵源を照らし出すものでもある。

「心の極北」(一九六二)は、歴史の底に沈んだ皇子「嵯峨の隠君」のおもかげをたどる。一〇世紀のころ、醍醐天皇の三九番目の子どもである彼は、元服を拒否しつづけて、童形《どうぎょう》のまま白髪となり、生涯を終えたらしい。また平安期には他にも、わずかだが、そのような生き方を通す人影があることを著者はつきとめ、それら奇特きわまる人生の実相に迫る。

「原始の夜のとばりにつつまれた、祭の庭の神がかりの恍惚が生んだ、神々の世界の幻想は滅び、古代の人々は、白昼にものに憑かれたようにフィクションをくりひろげる、新しい想像の時代を迎えようとしていた」。だが、「その前夜、ひとり状況の〈酷烈〉にめざめて、内部世界へ向けられていた「童子《どうじ》」の眸の光——みずからを時代社会の〈心の極北〉に立たせて、あらゆる通俗世界をこばむ時、白髪老醜の皇子「童子」の知性は、なにを望みみ、なにをみつめていたのか。わたしは、それを切実に知りたい、と思う」と結ぶ。まわりの社会から、みずからを切り離して生きようとする強烈な「個人」の姿は衝撃的だ。日本の歴史のなかに、こんな人たちがいた事実におどろく。九年前に読んだが、いまもぼくはこの文章の余韻のなかにあるように思う。本書全体を通してもっとも胸にとどまる文章である。

「フダラク渡りの人々」（一九六二）は、熊野・那智の補陀落《ふだらく》渡海をめぐるもの。「彼岸の観音」のもとへ渡海する人たちなど、九世紀から始まる「志願死」のさまざまな形態を見つめる。船の帆走術を修得してから、船に乗った人もいた。彼らは寺院教団からはずれた場所で、信仰を伝承した人たちだ。天王寺から大阪の海に入った人も。かたちはそれぞれ異なるものの、それらの話が、共感する心をもちあわせた鴨長明のもとに流れそそぐようすも感銘深い。

「偽悪の伝統」（一九六四）は、古代の末期、自分を背教者であるとし、「自己の背教の事実に励まされて」信仰心を高めた人たちの足跡。こうした遁世者の説話は、本寺ではなく「別所」ではぐくまれた。「ほんとうの悪を生産しつづけ」る彼らの行為の伝承は、そのあとの法然、親鸞による「他力信仰」の登場によって影をひそめる。この「偽悪の伝統」によって、浄土教発達前夜の歴史の一端にふれることができる。仏教史を知るうえでも、重要なものだと思う。

益田勝実の書き方に目をとめてみたい。一一編それぞれに筆をすすめていくようすが異なるのだ。「フダラク渡りの人々」だと、こんなふう。

まずフダラク渡りの要点を記し、渡海した僧侶の経歴にふれる、執権北条泰時の話。つづいて紀伊南端は古くから特別な地であったこと、平維盛入水についての山路愛山の見方、讃岐の人のこと、仏教の唱導説話のこと、三輪の上人の例。そこから讃岐の人に戻り、「いま少し、いま少し」と天王寺の沖に出た女房、フダラク渡りの記録、「天王寺の海へ身を投げる」こととフダラク渡りの相違点、でも鴨長明にとっては、どちらも「同じように尊い話であったこと」、「方丈記」から「発心集」へおもむく鴨長明。最後に、平維盛入水について再考。「熊野灘を選びながら、フダラク渡りの型にのっとった死の道をとっても、かれはフダラク山をめざさなかった」という維盛らも、「フダラクを夢見ながら船を進めていったのだ、と信じている」。一部省略したが大筋は以上。さほど長くない文章のなかに、これだけのことがおさまる。フダラク渡りについてしっかり知りたい著者の思いから、このような順序と構成になったのだろう。いくつかのことがらを前後に振り分けて、こきざみに進み、ときおり休止をはさみ、息をととのえて、反転あるいは逆進し、結びに向かうという書き方だ。直線的ではない。人に伝えることだけをめざしたものには見えない。伝えることを重くみすぎると、現代の文章のように単純で皮相なものになる。人に伝えることより、自分に伝えられるかどうかに力をあつめる。そこにこのような語りの渦が生まれるのだと思う。知ることと記すことが、とてもはりつめた状態で結びついている。ぼくは最初いったんあらすじを書き、そのあと追加の部分を書くために、もう一度こうして同じところを通ったが、ひとつひとつの箇所の起伏の高低、濃淡がさらに印象的に感じとれた。

北条泰時による話（人の話というものは、こんなにもおもしろいものなのだ）も、「もう少し、もう少し」という凡常なことばも同じ。人が残したことばのすべてがいとおしいものに感じられ、胸があつくなる。こちらもまたそれにならって、讃岐の人に戻ることにする。「新しい小舟一隻を作り、朝夕これに乗って漁師について梶とる技を修練し」、望み通り、北風が吹く日になり、「男はただひとり、小舟に帆をかけて、南を指して走っていったのである」という一節も鮮やかだ。昔の人たちと、読む人の気持ちがつながり、仲良く溶け合うように思われる。

「心の極北」は、まず当の皇子を記し、その前に存在した「老君子」のことに移り、二人の隠遁者が同一人物ではないことを明らかにしたあと、「源氏物語」の薫君が元服をきらったことに及び、「平安朝貴族社会の精神的風土」に光をあてることで景色が拡大する。そのうえで冒頭の皇子に立ち返る。「飢えたる戦士」（一九六二）では、中世の「戦争」観を考証。飢餓に苦しむ戦場に眼を向けない「平家物語」への疑問と評価が記される。その評価のようすは一様ではなく、波がある。それが文章の表裏に打ち寄せている。他の論文も、その内容に合わせたいくつかの「調べ」があり、それが重なり、独特の空気が漂う。そのなかでこちらは歴史を体験していくのだ。

このような記述法は、学術の世界では新しいものだと思う。文学の形式でいうと現代詩の「連」の表現形式（一、二、三など数字を振って書くもの）に近い。エドガー・アラン・ポーの長編詩「大鴉」（一八四五）は一八連という空間をつかって気高い恋情を描き、世界的な成功をおさめた。現代の日本では、西脇順三郎「旅人かへらず」（一六八連）、吉岡実「僧侶」（九連）、飯島耕一「ゴヤのファースト・ネームは」（一六連）と、「連」の名作があるが、多くは主題の他に、第二主題ともいえるものを伏流にしながら展開し、終息する。本書の論考は、いくつかの流れを集めて、呼吸をととのえてつくられていく文学の形式を想起させる。書き、止まり、転じて見上げ、また戻り、進み、目をとじる。こうした経過そのものに感興がある。

文芸、学術を問わず、いま、こうしたおもむきのある文章を見ることができなくなったのは、広く深くものを見る力がなくなったためばかりではない。知ることまではできても、知ったことがらをどのように記すのか。心におさめていくのか。その波動を含めた内部の状態が、生きたことばによって表現される例はとぼしい。書く人の現実感が失われたものが発表されることがとても多いのだ。その意味でも『火山列島の思想』は現代に及ぶところの多い大切な書物だと思う。

卒論の想い出

大学を出るとき、卒業論文を書く。これは昔からのことで、尾崎紅葉、志賀直哉、谷崎潤一郎、太宰治、寺山修司など中退の人を除けば、作家も詩人も卒論を書いて大学を出た。主な文学者の卒論の題目は次の通り。各社・日本文学全集の年譜などをもとにした。一部略記。

芥川龍之介「ウィリアム・モリス研究」・川端康成「日本小説史小論」・折口信夫「言語情調論」・小林秀雄「アルチュール・ランボオ」・丹羽文雄「伊勢物語論」・中野重治「ハイネについて」・堀辰雄「芥川龍之介論」・高見順「バーナード・ショー」(英文)・大岡昇平「ジード「贋金つかい」論」・野間宏「マダム・ボヴァリー論」・田村泰次郎「ポール・ヴァレリーの思考に於ける人間能力の規約について」・梅崎春生「森鷗外論」

詩人ウィリアム・モリスを論じた芥川龍之介を、そのあと堀辰雄が卒論で書いた。堀辰雄を卒論にする人もいまは多い。というふうに、書いた人は、後世、卒論の対象に。こうして文学は次の世代につながっていくのだろう。

のちに小説「肉体の門」などの名作を書く田村泰次郎の卒論は、四百字詰原稿用紙で二七枚。早稲田始まって以来の短さだったが教授陣の計らいで認められた。梅崎春生は、東大国文だが、授業には一度も出ないまま卒論「森鷗外論」を残して、卒業。当時の大学は寛容だった。だから大きな才能も育ったのだろう。では、昭和生まれの作家たちは、どうか。

大江健三郎「サルトルの小説におけるイメージについて」・高橋たか子「ボードレール論」・村上春樹「アメリカ映画における旅の系譜」・小川洋子「情けない週末」(創作)・吉本ばなな「ムーンライト・シャドウ」(創作)・島田雅彦「ザミャーチンの散文をめぐって」

全体に、詩人論が目立つ。近年は、論文ではなく創作がふえた。

さて、ぼくは高校のとき現代詩に出会い、特に吉岡実の詩に衝撃を受けた。吉岡実「静物」は夜の果物を表現したもの。その結び。

「いま死者の歯のまえで/石のように発しない/それらのくだものの類は/いよいよ重みを加える/深い器のなかで/この夜の仮象の裡で/ときに/大きくかたむく」

ことばがつくる美の世界に陶然とした。大学に入った年に、現代詩文庫のシリーズで『吉岡実詩集』(一九六八)も刊行された。当時は、現代詩が読まれていた。田村隆一、吉本隆明らの現代詩文庫をそろえる学生も多かった。学生運動の時代だ。読みときにくいことばもいっぱいあったが、現実を否定し、現実を超えた理想社会を夢みる青年たちにとって、「未来」を指し示す詩のことばは、とても魅力的なものだったのだ。

ぼくは早稲田大学の文芸科にいた。卒論は「吉岡実論」にしようと決めていた。ところが文芸科の卒論は創作でいいといわれた。小説や詩で、よいと。このような例は、当時は他の大学ではなかったように思う。ぼくは三年のときに出したタイプ印刷の第一詩集を、原稿用紙に書きなおし、卒論として提出。無事、卒業することができた。論文よりも楽な、創作を選んだのだ。このことが、あとあと尾をひく。

論文を書かなかったことは、それからも論文が書けないことを意味する。「・・についての一考察」「・・における・・の意味について」というような論文を書けないまま、書く力のないまま、書き手であることをつづけてきた。人並みのことをしていないと感じる。少なくとも論文を仕上げていれば、こんな気持ちにならずにすんだのかもしれない。

論文といっても、学生にはそれほど深いものは書けない。形式的なもので終わることも多い。また、論文でとらえられるものは、この世界のほんの一部である。

でも大学で学んだことのしるしとして、考えたことや、感じたことを文章に残すことにはそれなりの意義があるだろう。創作とはちがうものが、論文にはあるのだと思う。ぼくにいえることは、そのくらいだ。

芥川賞を読む

芥川賞は、昭和一〇年（一九三五年）創設の「新人賞」だが、いまでは日本でもっとも知られる文学賞だ。年二回、授与。さきごろ一五〇回を超えた。

第一回は、石川達三「蒼氓」。第五回、尾崎一雄「暢気眼鏡」。第六回、火野葦平「糞尿譚」、第七回、中山義秀「厚物咲」。第八回は中里恒子「乗合馬車」。これらの人たちは別として、戦前は、受賞後まもなく文壇から消えた人のほうが多い。戦中・戦後の四年半、中断。その間に登場した三島由紀夫、田宮虎彦、野間宏らは新人とみなされず受賞していない。

受賞作の本がミリオンセラーとなったものは、以下の通り。数字は作品発表年。一部追記。

安部公房「壁」一九五一／石原慎太郎「太陽の季節」一九五五／大江健三郎「飼育」一九五八／柴田翔「されどわれらが日々――」一九六四／庄司薫「赤頭巾ちゃん気をつけて」一九六九／村上龍「限りなく透明に近いブルー」一九七六／池田満寿夫「エーゲ海に捧ぐ」一九七七／綿矢り

さ「蹴りたい背中」二〇〇三（一九歳で受賞、最年少記録）／又吉直樹「火花」二〇一五

芥川賞は、「新しい日本文学」の姿を、社会に向けて印象づける。普段あまり本を読まなくても受賞作が掲載される「文藝春秋」を買うという人も多い。

ぼくにとっての芥川賞の想い出は、高校二年のときだ。一九六七年一月、丸山健二が「夏の流れ」で第五六回芥川賞を受賞した。作者は二三歳（当時の最年少記録）。死刑囚に向き合う、刑務官の心理を描いたもの。ぼくは早速「文藝春秋」を買い、読んだ。二三歳という若さで、こんなにおとなの小説を書く。ぼくはおどろいた。衝撃を受けた。このように受賞作を読んで文学の世界と出会った人も多いはずである。芥川賞の歴史は、読者の歴史でもあるのだ。

先日、何人かの人にきいてみたら、最近は芥川賞の作品を読むことがないと答えた人が多かった。話題づくりが先行。文学的価値にとぼしい作品がふえたことも理由のひとつだが、人は若いときに反応するもの。自分と同年代の人が受賞するとドキドキする。興味をもつ。

丸山健二受賞の三年後、古山高麗雄「プレオー8の夜明け」（一九七〇）が第六三回芥川賞を受賞する。戦時中俘虜となった兵士の状況を、軽妙につづる。「8」はユイットとよむ。雑居房の号数だ。大学二年だったぼくがこの作品に興味をもったのは、父親の世代と、父親たちがかかわった戦争というものがどんなものかを知りたかったためだ。それも文学を通して、文学の表現を通して、知りたかった。まわりの人から話をきくだけではわからないもの、「感受性」を通して

見える戦争の姿と、この作品で出会ったように思う。不思議な明るさとユーモアのある世界だ。
芥川賞の受賞作は、「新潮」「群像」「文學界」など月刊文芸誌に発表された無名または新人作家の短編から選ばれるが、第一回から戦前の時期は大正末からの同人誌全盛時代。同人誌から選ぶことに主眼。どこにいて、どんなことをしているのかわからないような人の作品も、突然候補になる。その意外性が芥川賞のよさでもあった。

第一回選考委員は谷崎潤一郎、山本有三、室生犀星、久米正雄、横光利一、川端康成など大御所一一人。当日、なんと三人が欠席。谷崎潤一郎と山本有三は、第一回から第一六回まで一度も出席しなかった。二人とも四〇代後半で、多忙。芥川賞どころではなかったのだろう。欠席し、旅先から電報で、どの作品がいいか知らせる委員も多い。でも選考は結果がすべて。多くの場合、いいものをしっかり選んでいたのだから、文豪とは凄いものである。

芥川賞八〇年の歴史にはこんなこともあった。芥川賞に選ばれたのに、受賞を辞退した人がいたのだ。大伴家持の生涯を描く「歌と門の盾」（一九四〇）の高木卓だ。母は幸田露伴の妹。高木卓はその後、小説から離れ、音楽評論へ。その高木卓の「遣唐船」（一九三六）をぼくはいま読み返しているところ。唐に留学した、阿倍仲麻呂と吉備真備の相克。文のふしぶしに、歴史を解く情熱があふれる。ほぼ同時期の受賞作、桜田常久の「平賀源内」（一九四〇）も、感興に富む歴史小説だ。当時の作者たちは身辺を離れ、はるかなもの、遠い日々にも関心を寄せた。

美しい本のこと

美しい本を刊行する、龜鳴屋。季語にちなみ、かめなくや、と読む。その本づくりのようすは、NHKのテレビ番組「美の壺」でも紹介され、知られるようになった。龜鳴屋は石川県金沢市大和町三―三九（電話〇七六・二六三・五八四八）。勝井隆則が編集・制作にあたる。ここから刊行される本は、書店には置かれず、すべて直接販売。

『宮崎孝政全詩集』（一九九九）、『藤澤清造貧困小説集』（二〇〇一）、外村彰『念ふ鳥　詩人高祖保』（二〇〇九）、高祖保『庭柯《ていか》のうぐひす』（二〇一四）、矢部登『田端抄』（二〇一六）など、渋味のある良書が多い。みとれるばかりの美しい装幀だ。

『念ふ鳥　詩人高祖保』は、詩人高祖保《こうそたもつ》（一九一〇―一九四五）の人生を伝える。高祖保は、昭和初期に清新な詩を書いた人。三四歳の若さで戦地で亡くなった。

その奥付には、「本書は近江上布装A版［白］と、同B版［生成り色］を百四部ずつ、計二百八部限定制作した」と小さな文字で記される。表紙の布の色が「白い」のと、「生成り色」のと二種類をつくったという意味である。その表紙には小さな独楽《こま》の版画を銀で箔押し。高祖保の名詩「独楽」にちなむ。

高祖保の随想集『庭柯のうぐひす』は、限定五〇三部。外村彰編。文章の文字の印刷はすべて鮮やかな緑色。貼函の紙は、それよりやや深みのある緑色だ。文字の配置、見返しの色も含め、すみずみまで神経がゆき届く。この本を手にして感じたことは函入りの本なのにとても軽いことだ。本文の用紙が、一定の軽さを求めて精妙に選ばれているのだ。おどろくほど軽く感じる。この本の隠れた美学である。

美しい本といっても、いろんな美しさがある。龜鳴屋の本は、一冊全体で美しいと思わせる空気を漂わせるところにあると思う。どんな小さな一角も、一冊の風合いを静かに、になっているのだ。その美しさである。

こうした美しい本は、採算重視の大手出版社ではつくれない。現在、書店でみかける本の多くは、人目を引く華美なものであっても、永く鑑賞にたえるものではない。美しい本の存在を、青年時代に知っておくのはいいことだ。書物というものは、このくらい、こまやかにつくられるものなのだということを知ることになるからだ。

北村太郎『光が射してくる――未刊行詩とエッセイ』、田中美穂編『胞子文学名作選』他を刊行した「港の人」（神奈川県鎌倉市／代表・上野勇治）、黒島伝治の作品集『瀬戸内海のスケッチ』などの「サウダージ・ブックス」（香川県小豆島／代表・淺野卓夫）も、それぞれ装本の美で知られる。近年こうした個性的な版元が少しずつふえている。機械的につくられる本が多くなった時代。だからこそ書物をたいせつにつくりたい。その思いが本づくりを支えているのだろう。

中学のときから、ぼくは福井市に住む詩人・則武三雄（鳥取県生まれ・一九〇九―一九九〇）を訪ねた。則武さんは、自宅の書斎で、いつも製本中（つくりかけの本の状態）。地元の若い人たちの詩集などの制作をしているのだ。本文の印刷は、印刷所がするのだが、表紙やカバーは、自分で付けたりすることもある。それで、表紙が付けられるのを待っている本などが、あちらこちらに並んでいるのである。本をつくるのは楽しいことだとぼくは思った。

則武三雄は、北荘文庫（一九五一―一九九〇）の名で、約八〇冊の文学書を刊行した。広部英一『木の舟』『鷺』、岡崎純『重箱』『藁』などの詩集の他、則武三雄『朝鮮詩集』『越前若狭文学選』『三国と三好達治』『幻《まぼろ》しの紙』など、自身の著作も書目にまじえた。

越前和紙をつかった和装の本も多い。北荘文庫の本の特色は和紙と洋紙の、大胆な組み合わせだ。全体が和紙なのに、「え、ここで」というようなところで、さっと洋紙をあしらうのだ。和・洋が逆のときも。その感覚は絶妙だった。地方なので十分に紙の銘柄も選べない。ないならないで、あるもので、いいものをつくるという姿勢である。そこからも美しいものが生まれた。

韓日・日韓辞典

『身につく韓日・日韓辞典』（尹亭仁編・三省堂）は、もっとも新しい韓日・日韓辞典だ。小型なのに文字も大きく読みやすい。韓日編と日韓編、合わせて三万五千五百の見出し語には、すべてカナ発音を併記。韓国、日本共通の漢字語は多いが、品貴（品薄）、這番（この前）、半指（指輪）、鈍濁（音が鈍い）、零順位（何があっても最優先）などは日本にはない。韓国語を知らない人でも、ことばのあるなしに注意しながら、読んでみると楽しい。互いの文化も確認できる。ひところまでは、辞典の利用者も少なく、特に日韓編の語彙は不十分なものが多かった。二〇年前、ソウルで買ったハンリム出版社『日韓・韓日小辞典』（一九九一）は、いまでは日本で使わないことばも多い。それはそれで貴重だが、その日韓編の見出し語には、「生きる」があるのに「死ぬ」がない、「理想」があって「現実」がないという事態も。その後は、日韓両国の文化に通じる人たちもふえ、辞典は進化の一途。多くの人に読まれることで辞典もゆたかなものになっていく。

国語の視野

国語辞典は五年から一〇年くらいで改訂される。たとえば第二版と、第三版のなかみは異なるものになる。どのくらい変わるのか。

新版は新しく生まれたことば、いわゆる新語・流行語を収載するが、旧いことばは取り除かれる。ページ数を一定に保つためだ。どんな新語が入ったかは、辞典の帯や広告などで知ることができる。いっぽう従来からあることばの意味（語釈）もあらたまる。それを確かめるにはひとつひとつの語について、旧版と新版を比較しなくてはならない。面倒なので、そこまでする人はあまりいない。時間のかかる作業だけれど、やってみます。

使いやすい辞典として評価の高い『三省堂国語辞典』（見坊豪紀ほか編）。その最新版である第七版（二〇一四）と、同辞典の前の版・第六版（二〇〇八）を比較してみたい。一部簡略にする。見やすいように一部の記号を変える。なお、①は、語源に近いもの、あるいはもっとも一般的な意味。②以下は、それより少し狭い範囲で使われるときの意味と考えればよい。

第六版

［視野］①その場から目に見える範囲②考え方や見方の及ぶ範囲。「――が広い」

第七版

［視野］①その場から目に見える範囲②考え方や見方の及ぶ範囲「――が広い・――に入れる・――に置く・長期的――に立つ」

第六版では、②の意義での用例が「――が広い」だけだったが、第七版では三例が追加された。最近「・・を視野に入れて」という言い方がとてもふえたので、その反映と思われる。

［かけながし］は、「流れるままにしておくこと」という意味は同じだが、第七版で「源泉――の温泉」「加水・加温をせず循環もさせない」が追記された。

［とほほ］は、「ひどく困ったり、情けない気持ちになったりしたときに出す声」だが、第七版では形容詞として「――な結果」の例をプラス。

［やばい］の新しい意味「すばらしい」は、いまや定着しつつあるが、これには「一九八〇年代から例があり、二十一世紀になって広まった言い方」という説明が添えられた。

こうしてみると、かなり細かいところまで改訂がなされていることがわかる。他の小型国語辞典と比べると改訂点がとても多い。編纂にあたる人たちが、ことばをしっかり見つめ直した結果だろう。

この辞典独自の「方針」もある。そのひとつは「連語」を独立した項目にしていること。「あなた［としたことが］自分または他人が考えのたりないおこないをしたときに使うことば。『あなた――とんだことをしてくれた』」

これには、おどろいた。こうした「連語」が見出し語になるのは、おそらく他の辞典ではないことだ。

［わるくすると］（うまくいかないばあいは）は『広辞苑』などでも見出し語になっているが、［そうすると］（前を受けて、ことがらがしぜんに次にうつっていくことをあらわすことば）、［よさそうだ］（さしつかえないようすだ）などは、他の辞典にはない特別な光景だ。たしかに、これらの連語の多くは、独立させて味わうべきものなのかもしれない。こういうふうに取り出されると、新語を見るような気持ちになる。

第七版の見出し語は、七万六千余り。学校や一般社会で必要なことばが選ばれているが、あまり使われないことばも多い。どちらにせよ引くたびに、刺激をうける。

［気候］は、通常の辞典では「ある土地の、長期間を平均して見た気象の状態」などだが、この辞典では「（その地方の）一年間を通してみた、天気の状態」。語釈が微妙にちがう。二つを合わせると、気候もよりよく見えてくるのかもしれない。

「不陸」は、「地面などが平らでないこと。（本来の読みは「ふろく」）」。ちなみに「不陸」は「不直」とも書くらしい。どんな場面でどのように使うのだろう、などと想像するのも愉しい。

なお、ぼくは『岩波国語辞典』は第五版（一九九四）から利用。いまは第七版（二〇〇九）が書店に出ている。漢和は、『旺文社漢和辞典』の第五版（一九九三）を使う。一九九三年、一九九四年に、どちらも利用がスタートしたことになる。何かこの前後に国語や漢語を勉強したいと思ったわけではない。たまたま時期がそろったのだ。

『岩波国語辞典』が一五年の間に、第七版に達したが、『旺文社漢和辞典』はほぼ同年数を経た現在も、第五版のまま（二〇一五年、同版の増刷）であることに先日気づいた。この間に、白川静の文字学の成果が一般にも知られるようになった。「道」は、異族の首を掲げて進む（従来は首を向けて進む）、「眞」は、行き倒れの人（従来は容器に物をみたす）など、一部の漢字の意味をあらためるものだが、ほぼすべての漢和辞典はそのことを反映する機会があるのに反映していない。

それは別に考えるとして、国語辞典ほどに、漢和辞典はなかみが変わらないということなのだと思う。新たな漢語がふえることはまずない。同じだな、と思って漢和辞典を開き、気持ちが落ち着く。新語をとりいれることが辞典のいのちと見られているが、漢和辞典は、その圏外にある。引く人の呼吸を乱さないこと。それも辞典の真義である。

地理の表現

『高等地図帳』（二宮書店）は、毎年新版が出る日本・世界地図帳。同種のものは各社から出ているが、まずは配色から見ていこう。そこに個性が出るからだ。

南アジアの関連地図、「カシミール地方」は三カ国の係争地。管理ラインからパンジャーブ州に向けての高地が、独特のグリーンで表現される。「スイス」一国単位の地図（正距円錐図法）は、アルプスの氷河が目に迫る印象。「アンデス山脈中央部」「ラパス（高地都市）」の色分けもいい。地勢図では、山は茶系、平地は緑系だが、すべてが山のようなところでは氷雪地帯を紫にするなど工夫。こちらは色彩を楽しむことができる。自然を表現しながら、自然に反する色をつかう。それも地図の感興だ。巻頭の「世界の国々」では、各国を隣り合う国から区別するため、中国、リビア、イラン、ナミビアなどが青い色になり、色の「同志」に。

今回まず最初に見たのは、アフリカの新・独立国、南スーダン共和国の位置だ。首都は、ジュバ。独立前の同社の地図帳ではジューバとある。地名も表舞台に出ると微かに動く。

日本地図はどうか。「中国・四国」全域図で、四国南端の足摺岬、土佐清水周辺が入りきれない状態になり、その部分は別枠に。『最新世界地図8訂版』（東京書籍）には「中国・四国・近畿」全域図があるが、そこでは三重県・志摩半島の一部が別枠に。このような場合に、全体を一望するのはむずかしいことがわかる。「表現」の課題である。

『高等地図帳』を眺めていると、名作の舞台が浮かぶ。

広い地域に展開する作品では、森鷗外「山椒大夫」岩代《いわしろ》→春日→今津→直江の浦（現・直江津）→由良（宮津）→中山→京都・東山→佐渡・雑太《さわた》（現・佐和田）、芥川龍之介「芋粥」京都・粟田口→山科→阪本（現・坂本）→高島→敦賀、国木田独歩「忘れえぬ人々」の阿蘇・宮地《みやじ》、愛媛・三津ヶ浜、島崎藤村「夜明け前」、長谷川伸「相楽総三とその同志」、丹羽文雄「蓮如」の行路など。いずれにも長い旅路がある。さきほどの四国の「別枠」のなかだけでも、大原富枝「婉という女」の宿毛、田宮虎彦「足摺岬」が含まれる、というゆたかさ。

これらの地名のほとんどは地図上で確認可能。古代、中世の地名の多くが残る日本のよさだ。列島各地で生まれた名作の地名を地図でたしかめると、理解も深まる。漫然とした読書では、名作は実感できない。文学や歴史を語るとき地図は大きな力となる。

巻末の都道府県一覧（面積・人口）の下欄の注に、「青森・秋田の十和田湖」は「両県の面積には含まれていない」。北海道の面積には「北方領土」を含み、島根県の面積には「竹島」を含む、とある。「全国の面積」には「境界不明分の面積を含む」。ここまでこまかくふれたものは類書では他にない。いっぽう、こんなことも。

日本の市の一覧（市名と人口）があるけれど、日本には全部でいくつ市があるか、総数が記されていない（他社の地図帳もほぼ同様）。とても不便である。ひとつひとつ数えなくてはならないからだ。記さないのが通例らしいが、理解に苦しむ。また、この種の地図帳に望みたいのは「白地図」だ。都道府県の境界だけを書き入れたシンプルな地図がひとつあれば、学習にも有効。他にも感想や意見をもつ人は多いと思う。

地図帳をつくる人たちは、実際につかう人の意見を聞く機会が、あまりないのではなかろうか。読者のほうも地図帳は特別なもの、聖域にあるもので、読書や批評の対象ではないと思ってきたようだ。そんな歴史も、地理から見えてくる。

頂上の人

深田久弥（一九〇三―一九七一）といえば、『日本百名山』（新潮社・一九六四）を思い浮かべる人が多い。今日の登山ブームの火付役となった名著である。ハードカバーの新装版『日本百名山』（新潮社・一九九一）と『日本百名山』（新潮文庫・一九七八）の二冊は、ロングセラー。初版から五〇年たったいまも生きる、特別な書物なのだ。

北から南への順で、利尻岳、大雪山、八甲田山、谷川岳、浅間山、槍ヶ岳、富士山、白山、大山、阿蘇山など日本の名峰百座の魅力、登山道、歴史を簡潔につづったもの。この本を手に山に登る人も多い。百のうち、自分はいくつ登ったか。それを目標にする人もいる。文章は明澄、雄渾。山について興味がふくらむ。実際に登ってみたくなる。

「下から仰いでもそのようだから、登ってみて一層その大きさにおどろく。池山の吊尾根あるいは農鳥《のうとり》西峰から一番眼近に眺められるが、摑みところがないように大きい。北岳や農鳥はその頂上にきちんと焦点を合わせることができるが、間《あい》ノ岳《たけ》は大愚のように茫洋としている。」（「間ノ岳」）

「頂上から北へ向った尾根の、屈託のない伸び伸びした姿勢。頂上から東へ進んで、大岩石の散乱した異様な眺め。更にそこから千枚岳の方へ下る広々とした高原。あるいはまた、荒川岳から悪沢《わるさわ》岳に続く尾根南面の圏谷状の大斜面。いずれも眼を見張るような風景を持った、個性の強い山である。」（「悪沢岳」）

深田久弥は、実際に登った山から選んだ。条件は三つ。第一は山の「品格」。第二は「歴史」。第三は「個性」。高さの基準は、標高一五〇〇メートル以上。ただし筑波山、開聞岳は一〇〇〇メートルにみたないが特例として選ばれた。

百座は、日本アルプスの山に集中。その数は全体の四分の一を超える。近畿の山は三つ、四国は二つ、山陽・山陰にいたっては大山（鳥取）だけと、偏りを指摘する向きもあるけれど、深田久弥の目を通して日本の山々を知る人はいまも多い。NHK衛星放送「日本百名山」は、映像も音楽も素晴らしく、要所で朗読される『日本百名山』の一節（ナレーション・相川浩）は胸をしめつけられるような感動がある。いい番組だった。深田久弥の単行本未収録エッセイ集『名もなき山へ』（幻戯書房）を読むと、名山だけではなく一般には知られない山にも登って、たくさんの文章を書いたことがわかる。『日本百名山』は、長期にわたる豊富な登山体験から生まれた名著なのだ。

深田久弥は、石川県大聖寺町（現在・加賀市）の生まれ。名峰・白山を見て育った。中学は、母の郷里である隣りの県の、旧制福井中学へ。同級に森山啓、二年上級に中野重治がいた。東大中退のあと「オロッコの娘」（一九三〇）、「津軽の野づら」「あすなろう」（一九三二）などの清新な小説で文壇に出たが、戦後まもなく山岳紀行に転じた。

ぼくは藤島高校（旧制福井中学の後身）を卒業したので、深田久弥は大先輩ということになる。深田久弥は、一九六七年かと思うが、福井市内で講演した。ぼくは高校の帰りに、話を聴きにいった。商工会議所のようなところだ。そのときの話の内容は忘れたが、穏やかな表情だけはおぼえている。

いまにして思うと、亡くなる四年前、『日本百名山』が出て三年ほど後だ。当時この著作は、一般読者にまだそれほど浸透していなかったはず。小説を書かなくなった、福井ゆかりの地味な作家が福井に来て、いま話をしている。聴衆の多くは、そんな気持ちだったかと想像される。まわりはみな、おとなばかりなので、子どものぼくは、ちょっと恥ずかしかった。でも自分の意志で出かけて、よかった。『日本百名山』も何も知らなかったけれど、話を聴くことができたのだ。ぼくはそのあと白山を見ながら、電車で家に帰った。

色紙のなかへ

小説や詩を書く人は、色紙に何か書くようにいわれたとき、どんなことばを選ぶのだろう。色紙だけではなく「書」として書かれるものなどもあるが、そのなかでは、夏目漱石「則天去私」、島崎藤村「簡素」、三島由紀夫「約束墨守」などが知られる。

学習研究社《芥川賞作家シリーズ》全一四巻（一九六四―一九六五）は、芥川賞受賞作家の、一人一巻の作品集。著者は、巻頭に毛筆やペンで、ことばを書いている。

「笛と雪が好きである／秋祭の／賑かな／北國の村で暮したい」　三浦哲郎

三浦哲郎は青森生まれ。「忍ぶ川」で受賞。北国を舞台に、情趣に富む幾多の名作を書いた。

「ふたたび森が匂ひはじめた　森は時間であり愛情の育つ空間である」　斯波四郎

「緑冴えし／ぶどう畑より／白き蝶／ふと群れたちぬ／霖雨《あめ》やみたるか」　小尾十三

「見る人の心に／よって景色は／変る／草も木も／無心なのに」　辻亮一

いずれも自然の風景をあしらう。斯波四郎「山塔」は神気にみちた現代小説。小尾十三《おびじゅうぞう》は朝鮮半島、辻亮一は旧満州での体験を記す作品で受賞したが、寡作に終わった。風景を見る三人の視点に、それぞれの想いが感じとれる。

「暑い一日がやっと終った／木の間から風が吹いてくるのを待たう」　庄野潤三

「いつも見なれた風景の向うから　ある日突然何かが立ちあがって来る。それまでじっと待たなければならない。」　菊村到

以上の二つは「待つ」こと。庄野潤三は、家族を粘り強く見つめる作品で独自の境地をひらいた。菊村到「硫黄島《いおうとう》」は、戦争の悲劇の跡を追いもとめる秀作。

「虹は／苦渋の大地より／昇る」　川村晃

川村晃《あきら》は、謄写版で生計を立てる「美談の出発」で受賞し、後年、歴史読み物に転じた。

「私は自分の小説にも／一点の霽間《はれま》が／ほしいと思う」　小島信夫

「考える／それも原稿用紙の上で／考えることが／大切なのだ」　小谷剛

二人とも、書くことの苦渋をにじませる。

「資質すぐれた女が／なぜ愛にはめぐまれぬのか」　宇能鴻一郎

宇能鴻一郎は、東大国文卒。「鯨神」「閹浮《えんぷ》の秋」など国文学の素養を生かした作品を書いたが、ほどなく純文学を離れ、性愛小説の人気作家に。

安部公房は、ことばを書くのをきらったのか、抽象的な自画像に代える。

吉行淳之介は、書き下ろし短編「手品師」の原稿の冒頭部分。吉行淳之介は、のちに小説「葛飾」（一九八〇／『目玉』一九八九）を書く。下町の整体師の「老先生」に色紙を頼まれる場面。「色紙を書くのは大の苦手でいつも断っているのだが、患者の立場は弱い」。黒のマジックでしぶしぶ書かされた。「整肢整体でニコニコと」。ユーモアと、あたたかみのある名短編だ。

色紙には短いことばがにあう。かたちとしては詩に近い。いつもなら小説を書く人が、色紙や書では、詩ごころを求められることに。でも作家のことばには、それぞれに個性と風格がある。行き過ぎのない、さらりとした詩情が感じられる。

講談社『日本現代文學全集』の第一〇六巻、「現代名作選㈡」（一九六九）の口絵にも、何人かのことばがある。それぞれに味わいがある。

「自立」　金達寿

「地図のない／旅行者」　開高健

「よい作品を書くために／ながく生きたい」　大田洋子

「青いそらに／木蓮の白い花が／うつっている」　耕治人

「わが胸のうち――からっぽだった、残念だなあ」　杉浦明平

詩や短歌、俳句の人は、色紙には、その一節。そのほうが見る人にも自然だ。詩と小説の両方

を書く人は武者小路実篤や高見順のように、詩の一節を記すことが多い。「光は声を持たないから／光は声で人を呼ばない／光は光で人を招く」（高見順）は、詩「光」より。

近年は、どうか。『文学を語る、文学が語る——「夏の文学教室」の五〇年』（日本近代文学館・二〇一三）には、毎年開催の「夏の文学教室」で話をする人たちが、求められて控室で書く色紙が掲載されているので、以下一部を紹介したい。

「本當の風は必ず遠方から起つ」　大岡信
「たんぽぽのぽぽのあたりが火事ですよ」　坪内稔典
「悠遠」　吉村昭
「熱願冷諦」　津村節子
「夫と妻／世界で二番目に正直になれる／相手」　髙樹のぶ子
「言葉／光」　小川国夫
「咲いてこそ花」　林真理子
「まいにち／ばらいろ」　田辺聖子

そのときの講座のテーマにちなむもの、好きなことば、自作の一節、そして「ばらいろ」というように、色紙はさまざま、いろいろである。

会話のライバル

＊岩田一男『英単語記憶術』は一九六七年、カッパ・ブックスで刊行。このたび、ちくま文庫で約五〇年ぶりに出版された。「語源による必須6000語の征服」の副題通り、英単語を語根、接尾辞などで分類して、記憶しやすいように並べたものだ。

初版が出た一九六七年は、ぼくが高校二年のときだが、ちょうど同じ年に、森一郎の『試験にでる英単語』（青春出版社）も刊行された。ぼくはこちらを買った。いまも郷里の書棚にある。『試験にでる英単語』は、大学受験で頻出度の高いものから単語を配列したものだ。岩田一男の『英単語記憶術』は、受験生向けというより、教養書として位置づけられるものである。以下少しだけ紹介してみる。

apartments（アパート）も、department（部門）も、participate（参加する）も、ひとつひとつ覚えるのは大変だが、これらはみなpart（部分）という語根から来ているとわかると「パッと電気がつうじる」。

アパートは、部分部分の部屋の集まり。department store（デパート）は、いくつもの売場の部門からなる。participate は、みんなが part（部分、役割）をとるから「参加する」。particular にも part があるが、部分ばかりだから「特殊な」。というようにことばが数珠つなぎになって登場。単語の理解が一挙に早まることになる。

river の両岸で魚をとりあうので、rival。arrive は、川岸に着くという意味。ven は「来る」に関係。event は、e（外）へ来る、だから「出来事」。prevent は、pre（前）に来るから「妨げる」となる。

consumption は、そのなかの sum が「取る」という意味なので、全体を通すと「残らずとってしまう」すなわち「消費」。肺を使い尽くすことから「肺病」の意味も。

半世紀前は、たとえば privacy（プライバシー）ということばは一般的には知られていなかった。プライバシーという概念そのものが日本にはなかったのだ。それで本書には、「三島由紀夫の『宴のあと』をめぐる紛争で有名になったプライバシー」という説明がある。こういうところには時代を感じる。でもそれも勉強になる。

いま挙げた英単語のなかでは、イベント、ライバル、パートのようにすっかり定着したことばもあるが、いっぽうで、プリベント、アライブなどはもっと日本でも使われていいと思えるのに、カタカナ語としては使われていない。よく似た英語があり、それらと耳で区別しにくいことなどがその理由かと思われるけれど、その一点を考えてみるだけでも面白い。ページを繰っていくと、いろんな興味が生まれてくる。

本書は、あくまで英語に対する知識を「経験」させるもの。会話のためにつくられてはいない。いまの日本の英語教育は、英語を「話す」ことに重点をおくが、それとはむしろ反対の方角を向いたものである。でもかえって、ことばに対する知識と感性は磨かれるように思う。会話だけを目的にすると、ことばそのものへの興味や関心はよわまるのではなかろうか。

三〇年前、ギリシアに取材に行ったとき、アメリカから来た女性記者とたまたま話す機会があった。ぼくは英会話はまったくできない。でも知っている英単語をなんとか使いながら、アメリカの作家マラマッドについて、二人で話をした。楽しかった。

少し深い話をしようというときには、英会話の技術ではなく、英単語が力になることがわかった。また、そこでする話に、それなりの内容があれば、会話はなんとか成立するのだということも。もちろん会話ができるに越したことはないけれど、ひとつのことに知識や意見をもつことも大切なのだと思う。

夏への思い出

日本近代文学館主催「夏の文学教室」（有楽町・よみうりホール／七月）にぼくが出るのは、二〇一三年の「高見順の世界」で、一一回目。近年は、ほぼ毎年のように「出演」しているので、「誰だろ、あの人。よく出てくるねえ」くらいには思われているかもしれない。

講師を依頼されるのは、例年、三月二〇日過ぎ。四カ月ほど前ということになる。ぼくはその時点から、話の準備をはじめる。ノートをつくり、話したいことを書き出し、順序や構成を、何度も差し替える。そして頭のなかで練習。すべてはこの「夏」の午後のために、である。

でも、いざマイクの前に立つと、頭のなかは、まっしろ。「真っ白になりました」などと話しはじめるのだ。話の途中に、原稿を見ることはまずない。過剰といえるほどの準備をするのは、この「夏の紅白」（と、ひそかに呼ぶ）が、ぼくにとって大切なものだからだ。文学を語ることの意味をたしかめるという点で、だいじなのだ。どう聞いたらよいのか。話したらいいのか。たくさんの人がそれぞれ感じとる。たしかめる。このような機会はなかなか得られない。

その日の、他の講師の話は、控室の画像で見ることができる。おもむろに話しはじめ、特別な話はないのに、会場をなごませ、おおいに沸かせる人もいる。素晴らしいなあと感心する。

ぼくにはそうした人たちのように話す力はないけれど、心がけていることがある。六〇〇人をこえる人たちが会場にいても、ぼくのエッセイや、現代詩という分野を知っている人はわずか。数えるほどしかいないはず。だから自分のことや詩の話はやめて、文学全体の話題にすること。よく知らないことにもふれるので、こちらも勉強になる。

話の首尾や完結性ではなく、聞いている人たちの、そのときその瞬間の気持ちが、みちたりるように話すこと。話すことは、文章をよみあげることではない。何かを掲げることでもない。あと、もうひとつ。「高校のときでした。当時の高校は……」というふうに「……」以降を話したい誘惑にかられるときがあるが、それで人の話は長くなり、退屈になるもの。だから、いいかけたら途中でやめる。断ちきる。「あの話は、どこへ?」というくらいが丁度よい。聞くほうもこちらも、心地よい。そんなことも「ひと夏」の経験を重ねるうちに少しわかるようになった。

講師の顔ぶれにも、変化がある。一九六四年の第一回から、一九八六年の第二三回あたりまでは、批評家、学者の人たちが多かった。講座風のかたくるしさはあるかもしれないが、詩歌を含めた、表現世界のすみずみを見渡すことに、「夏の文学教室」の重点があったようだ。とくに一九六〇年代、一九七〇年代は、「評論の時代」。作品や作家の活動をどう見るか。読者も「批評家」だった。作品を読んだことはなくても、作品についての知識をもつ人たちがいた。そんな時代だ。怖い時代でもあった。準備も大変だっただろう。

第二四回（一九八七）あたりから、つまり昭和の終わりころから、講師の話は、創作体験や、個人的な見聞を語るものが多くなった。聞く人のなかに、基本的な文学作品を読んでいない人がふえたせいもある。現物にあたるのではない。人の話を聞いて、それですませようという人たちが多くなったのだ。小説の読者、詩歌の読者はそれぞれいるものの、文学全体に関心をもち、いろんなジャンルの感興を知りたいという「文学の読者」は少なくなった。聞く人も、話す人も同じ。読者として、話者として余力がなくなったのだろう。

でもいつの時代でも、作品や作家との出会いはあるのだ。別れもあるのだ。いまどんな動きやかたちが、心のなかで生まれているのか。消えていくのか。それを知る意味でも、「夏の文学教室」は大切だと思う。

［付　記］

このあと、二〇一四年は「山之口貘の世界」、二〇一五年は「伊藤整『日本文壇史』の世界」、二〇一六年には「明治の島崎藤村」の題で話した。これまでの内容の一部は、『文学の空気のあるところ』（中央公論新社）に収録した。

親しみのある光景

吉田知子『お供え』は、一九九三年に刊行された。著者の代表的な著作だ。「祇樹院」「迷蕨《めいけつ》」「門」「海梯《かいてい》」「お供え」「逆旅」「艮《うしとら》」の七編は、一九九〇年から一九九三年の期間に文芸誌に発表された。このたび講談社文芸文庫で刊行される。

ひとりで、あるいは知人と連れだって山道を歩いたり、どこかの建物に入っていく話が多い。途中で、時間あるいは空間が少しずつずれていき、「私」は自分とは別のものになる。いまいる場所から他の場所へ移ったり、また戻ったりするのだ。見知らぬ声が聞こえることもあるし、初めて来たのに、また来たような感覚におそわれることも。作品の終わりより少しだけ前の地点で、何か固い影のようなものが文章のうえに現れるときもある。

家屋、庭木などの植物の描写がとても精密なのだが、よく見ると、美しいものを美しいと言うためではなく、無意味な方角に向けて美しいと書いていく。そんな力のこめかたがあるように思う。

文学的な光景とはいえないものをつくるときの文章にも、ぼくは思わず振り返りたくなる。何かあると見ていると、何も起こらなかったりするのだ。

「北口から七、八歳の男の子が首を出している。外へ出てくるか、と息を止めていると出るわけでもなかった」(「艮」)という一節。何も起きてはいないのだが、文章がひとつ残されるのは何かが起きたあかしと見るべきだろう。

「走り出しながらふりかえると事務所の戸口に痩せた背の高い男が立っているのが見えた。意外に若く、二十を出たか出ないかのとしの男だった」(「祇樹院」)。この男は、としまで見られているのだが、そのことは作品全体とあまりかかわりはない。それでも文章は書かれていく。

「料金所の横の売店の前を通った。さっき私に声をかけた中年女がまだいた。黙って私たちが通るのを熱心に見ている」(「海梯」)。よく、こういうことはあるなあと思う。この女性は、二回登場するが、名前はない。ただ目が合っただけ。この場合、あちらは、つまり女性のほうは、こちらを熱心に見ているが、それをまた見ているということは、こちらも熱心だということになる。双方の熱心さにつながりはないが、文章を読む人に、何らかのはたらきかけをする。そんな気配がある。

突然、人の声や物音が入ることも多い。

「逆旅」には、唐突に「ゲキリョだよ、結局。」という一行が割って入る。道中行き合った老婆の「ピシッ、ピシッ」という枝を振り下ろす鋭い音。「海梯」では、「オサムのまぶたを愛している」「オサムの冷たい足を愛している」「オサム目を開け」「オサム星になるな」など、橋のポールや柵の誰かの落書きが終始、点滅する。

『お供え』全体を通して、かなりの頻度でこうした音声、ことばがまじる。それらは内側にとどまるのではなく、作品の外側へ押し出される。こちらは作品の外側にいるので、それをまともに浴びることになる。

ことばには、自分を表すもの、他人を表すもの、世界をつくるもの、この三つのはたらきがあるとしたら、こうしたことばはどれにも属さない。どこからくるのか素姓のわからないものということになる。

吉田知子の作品は、自分を表すもの、他人を表すもの、世界をつくるものではなく、それらのひとまわり外側でつくられているようだ。そのため庭木や山道などの克明な描写も、地につくと見えるいっぽうで、そうではないものとつながっているように見える。路面から離れている点だけを見ると、特別なものに思えて、親しみがない小説だといえるかもしれない。でも何が人間の近くにあるのか、人間にとって近しいものであるのか。こちらの見方をあらためさせる。それもはたらきかけのひとつなのだと思う。現実に寄り添うのではない。現実を先導する。そういう書き方だ。こちらは新しい親しみのかたちを知ることになる。

いつのまにか別のものになる、という点についてはどうか。

「箱の夫」(一九九七・原題「外出」)は、夫の外出に付き添う話だが、少し進んだところに「道を四つ足で這っていくわけにはいかない」という文章がある。最初通りすぎたが、もう一度戻ってみて、どうも変だなと思いはじめ、夫が人間以外の生き物である、あるいはその要素を多分に含む生き物であることに気づく。そこからは坂道をころがるようにして作品は進む。「彼は、私の顔を見るとき、どちらかというと正面から見るより横目で見るときのほうが多い」という文章ひとつにも笑いが止まらないぼくは、深いよろこびを感じるようになっていく。どのあたりから変わるのか、こちらは注意しているが、たいていは予想とちがう時点に兆しがある。

表題作「お供え」は、誰かが早朝、家の前に花を置く。それがいつまでもつづく。誰が置いていくのか、「私」は気になり、つきとめようとするのだが、いっこうにわからない。三〇歳を過ぎたくらいの安西さんという男の人が、「私」のもとによく来る。ある日、花を置く犯人をつかまえようと、朝早くから見張っていたら、その安西さんがやってくる。「安西さんがうちの前を通って通勤しているとは知らなかった」。この文章がぽつりとあるので、もしかしたらこの安西さんが花を置いているのではないかとぼくは思った。思っただけで終わってよかった。こういうあいまいな気配の文章が多い。こちらは意味のあるところ、意味のないところに体ごともっていかれる。

そのうちに家の東側の空き地で、妙な人影がふえてきて、そこからさらにこの作品は面白いことになるのだ。何かが、庭先に投げこまれる。「硬貨は石垣の下や庭石の横にも落ちていた。よく見ると紙幣に硬貨を包んだものもまじっている」。そのあと、「私」は「何もすることはない」と思う。

このあたりから、「私」は目の前のできごとをあやしむのではなく受け入れていく気持ちになる。切り替わるのだ。切り替えのあと、ある人からお風呂に入りなさいといわれ、「新しい下着と新しい服を着てお化粧する」。

「無明長夜」（一九七〇）のなかで、新院という修行僧は、「あんたには自分以外のものはないのだ」と「私」に言う。さらに、「乾いた小ざっぱりした服に着替える……そういうふうなことをやっていればいいんだ、際限もなく。それだけなんだ」と。その音声の再来なのかもしれないと思ったが、「お供え」では、そのあと、風呂に入り、「この日のために前から上等の真新しい下着を一包みにして用意してある」となる。「この日のために」という文章には、おどろく。ここでほんとうに切り替わっていることを知る。

というふうに、ひとつひとつ、書き写すようにして読んでいくと、思わず身を乗り出す感じになる。「私」でも作者でもなく、読んでいるこちらが書くことにかかわっているような空気になる。最後の場面。

「ふりむくと私の後にも横にも人間の壁ができていた。私の周囲だけが丸くあいている。手を合わせている人、石を投げる人、私に触ろうとする人。」

手を合わせる人、触ろうとする人がいることは想像できるが、「石を投げる人」は意外だった。地上を離れた目の高さからしか、こういう文章は生まれない。ぼくはあらためて息をのむ。いろんなものが飛んでくるという光景だが、手を合わせたり、お金を投げ入れるのは、この場合ふさわしい。石を投げるのは否定的な行為である。こうして、ありうることと、あまりありえないことが、当然のようにとけあう。一場面に混在する。異様なほどバランスがとれていると思う。これが現実かもしれないが、こちらが知る現実を上回っている、とまた感じる。近いところにあるものだけを見て、もめごとをおさえようとして生きる人、あるいはそういう態度で書いていく人。それらとは反対のものだ。

こういう文学の方針は、めざましいと思う。幻覚ともとれるところもあり、ひとつひとつの文章がどのような意味にふれているかは十分にわからない。だが文章が生まれるたびに、これまであまり見ないものが現れてくるのだ。形式的な心理や行動とは異なるものが表現されている。そう思うしかない。

「お供え」の二年後に書かれた作品に、「常寒山《とこさぶやま》」(一九九三)がある。『吉田知子選集I』(景文館書店・二〇一二）に初収録。あまり知られていない作品だが、ぼくはたまたま文芸時評のときにこれを読むことができた。常寒山は、愛知県新城市の南東部にある、四六七メートル（実際は四八〇または四八二メートル）の山。友人たちとこの山に登る。人物の離脱、時間と空間のゆがみが特異な世界をつくる。しかもつくるだけではなく更新していく。とても魅力のある作品だ。

この作品によると、「眺望のきかないこと」。これが常寒山の欠点というか、面白いところらしい。登っていく間じゅう、視界は開けない。「頂上もやはり同じような林の中だった」。吉田知子の作品も視界が得られないという意味では、この常寒山に近いかもしれない。ただ「お供え」や「常寒山」などを何度読んでも魅了されるのは、人が眺望のよさとは別のものを求めていること、単純な視界を求めていないことのしるしかもしれない。心の深いところで、このような文学と親しみたい気持ちをもっているのだと思う。

初期の作品「そら」（一九七一）は少女ヨネコの物語だが、日本の文学にはほとんど見かけることのない新しい書き方で、文学のひとつの極点を指し示している。祖父のことを記す「門」と、同じく祖父を描いたものと思われる「東堂のこと」（一九七〇）を比べると、同じ人かと思えるほど書き方が異なる。眺望は多様であり、一様ではないのだ。それだけに吉田知子のすべての作品を読みたいという思いは募るのである。

「箱の夫」を読みなおすと、妻が、この夫に対して、日ごろからとても従順であることにおどろく。人を疑わないという点で確固たるものがある。そのために物語はまっすぐに進むことができる。また『お供え』の作品には、日常の不安定なさまが書きとめられているように思われるが、逆にいえば、何があっても動じない意志のようなものが存在し、その動じないものが、ありあまるために、切り替えを経て非日常のなかへと降り注ぎ、より大きな世界となって現れるという一面がある。「眺望のきかない」空気のなかに切りこむことができるのはそのためだと思う。

いい作品というものは、そのようすがわかっているからこそ、穏やかではいられないものなので、できれば、読みたくないものだ。読むと、いまそうであるように、大変なことになるので、調子がわるいとか、明日があるということにして、あとまわしにするものである。でも読んでみると、想像を超えるものがある。

切り替えということでいうと、読者が次第に作者になっていくという変化も勘定に入れて不思議はない。この作品は作者が書いたのではなく、自分が書いたという気持ちで読んでいくと、ここはこう書いた、これでよかったなどと、ひそかに胸を張ることもできるかもしれない。読んでいることを忘れると、いろんなことが可能になるのだ。本来、文学作品には、そのような読者との関係があるのだろう。石を投げられてもいい。石以外でも、よい。この先、何が現れてもいい。『お供え』を読むと、そんな気持ちになる。

四〇年

四〇年つづく個人出版・紫陽社《しようしゃ》の話を書くように求められた。ぼくは紫陽社という名前で、現在までに約二七〇点を制作してきた。

主に新人の第一詩集で、部数は二五〇部前後と少ない。チラシ作りから本運びまでひとりでする。最初の詩集は清水哲男『水甕座の水』。最新刊は中村和恵『天気予報』。近日、張籠二三枝の詩論集『三好達治　詩語《うたがた》り』も出る。装幀は、芦澤泰偉。

一九七四年、二四歳のとき、つとめのかたわら始めた。いまも仕事のあいまに年に数点つくる。高校二年のとき、詩を書く仲間たちの詩集をつづけて出した。タイプ印刷の簡素なものだ。楽しかった。ぼくには詩の才能があまりない。いい詩を書ける人が、詩を書く。全体で、詩が輝く。それがいちばんという考えだ。いまも、高校のときと同じだ。作業の手順も呼吸も変わらない。

紫陽社のピークは、一九七九年の〈80年代詩叢書〉だろう。井坂洋子『朝礼』、伊藤比呂美

『姫』の二冊は女性詩ブームの起点になり、現代詩の流れを変えたとされる。許萬夏《ホマナ》の詩集など、韓国の詩集、詩論の翻訳も早い時期に出した。近年は、蜂飼耳、日和聡子、大江麻衣など最新世代の詩集が中心だ。新しい人たちの出発に立ち会うと、ことばの新しい動きや流れを知ることができる。そのよろこびにふれる四〇年でもあった。

制作した本は、わずかしか流通しない。もとより詩の本は敬遠される。詩の読者も、詩を支える人も、いまはとても少なくなったけれど、誰がいつ手にとるかもしれないので気を抜くことはできない。詩には、型がない。不安定なところを引きうける。それは個人と社会の間で迷い、漂ういまの人の心の状態と同じだ。詩は、人間のいちばん身近なところにいるものなのではないか。

詩は、あちらこちらに浮かんではいない。実際に書き表した、ことばのなかに存在する。詩は、詩集のなかにあるのだと思う。これからも「詩集」を支えたい。

未来のために外に出す

「今、あなたの部屋はかたづいていますか?」

ハイ、と胸を張れる人は少ないだろう。

岩波ジュニア新書『中高生のための「かたづけ」の本』(杉田明子・佐藤剛史)は、題名通り十代向けだが、おとなにも有益な一冊である。「あなたの部屋は、今のあなたそのままです」とはわかっていても、整理、整頓は面倒。外からは見えないから、ちらかしてもぜんぜん平気。それで「かたづけ」は夢物語に。

では「かたづけ」のゴールはどこか。本書によると、スーパーマーケットのように、どこに何があるかがわかる状態。「あなたの部屋の中、もしくはあなたの持ちモノすべての収納場所を三秒以内で答えられる」こと。そうでないと、さがしもので時間をとる。身辺も、この先の自分も見えないことに。「かたづけ」をすれば、「生活の変化、意識の変化、人生の変化」が起こる。

手順は、次の通り。

「出す」（すべてのものをいまの場所から外に出す）↓「分ける」（同じものを一カ所に集める）↓「選ぶ」（捨てられないものは「迷いのエリア」へ）↓「収める」。この本は、四月一八日発売だが、ぼくは二カ月ほど前の近刊予告で、題名を知った。この本がどういう内容になるかを想像し、発売に臨んだ。実際に読んでもっとも意外だったのは「分ける」の段階。

鉛筆なら鉛筆、クリップならクリップと分けるとき、「あ、これは、いらない」と捨てたいところだが（ぼくはいつもそう）、その場で捨てずに、ひたすら分類。そうすると「自分がどんなモノを溜め込みがちなのか、どれくらいの量のいらないモノを持っていたのか」を「知る」。自分を「知る」ことはそのあとモノを買うときに役立つのだ。「捨てたい気持ちもグッとおさえて、作業を進めてください」。はい。

昔はモノがなかった。だから捨てることは「もったいない」とされた。「しかし今では、その時代を経験した人でも、ひたすらモノを溜め込む一方で、使いきれなくなっている」。「使い切る速度よりも、モノが溜まる速度のほうが速い」のだ。

「だからこそきちんと家の中のモノをすべて出して、分けて、しっかりと自分で選んで、自分の選んだモノで生活する！　という体験をしてもらいたいのです。」

この「出す↓分ける↓選ぶ↓収める」手順は、文章を書くときの起承転結に隣りあうものだとふと思った。そうなると話はさらに深遠。

それはともかく、早いうちから「かたづけ」の練習をすること。それをしないと、いまの自分だけではなく、あとの人生にひびくことになる。本書は「収める」の先にあるものとして「出口」を考えるべきだと説く。ひとつのモノ、ひとつのことがらが、最終的にどのようなところへ出ていくのか。最終形を思い描く想像力は「かたづけ」によって、つちかわれる。自分の部屋の問題ではない。空間認識、人間関係、仕事の効率、社会全体に及ぶ。

その流れや道筋も、著者の体験をもとに記されている。「かたづけ」は人生の基点であり、要なのだ。「かたづけ」だけの問題と、かたづけるわけにはいかないのだろう。

心がかげったり、落ち込んだりしたとき「かたづけ」で晴れやかになり、未来が見えてくる点にもふれる。「収める」つまり収納では、「間を取る」という指摘も。先日ぼくは書棚の一段を思い切って「空白」にしたら風景が変わり、周囲がとても心地よいものになった。もしかしたらあれかなと思った。「かたづけ」には、いいこと、楽しいことがいっぱいあるのだ。

天気予報の都市

新聞やテレビで、天気予報がある。その予報地域のようすを見ておきたい。まずは、主な全国紙・朝刊の予報欄の都市は、どのようになっているか。発行地周辺都市の天気を掲示する欄もあるが、以下は、全国の都市の予報欄。二〇一五年一二月現在。

朝日新聞／札幌・青森・仙台・新潟・宇都宮・前橋・水戸・さいたま・千葉・東京・横浜・甲府・静岡・長野・名古屋・大阪・広島・高松・福岡・鹿児島・那覇

毎日新聞／東京・札幌・仙台・秋田・前橋・さいたま・千葉・横浜・静岡・新潟・長野・名古屋・大阪・福岡・那覇

読売新聞／札幌・仙台・東京・長野・新潟・金沢・名古屋・大阪・広島・高松・福岡・鹿児島・那覇

日本経済新聞／札幌・仙台・宇都宮・東京・横浜・千葉・さいたま・新潟・長野・静岡・名古

屋・金沢・大阪・広島・高松・福岡・鹿児島・那覇

四紙にすべて登場する都市は、札幌・仙台・東京・長野・新潟・名古屋・大阪・福岡・那覇の九都市だ。四七都道府県のうち、掲載されない都道府県庁所在地は盛岡・山形・福島・富山・福井・岐阜・津・大津・京都・神戸・奈良・和歌山・鳥取・松江・岡山・山口・松山・徳島・高知・佐賀・長崎・熊本・大分・宮崎。以上の二四だから、半分を超える。

京都、神戸といった大都市がないが、大阪に近接するので、大阪の天気でわかる。北陸、山陰、四国の都市は少ない。北陸なら新潟を、四国なら大阪あるいは広島を見れば、見当がつく。だが手薄という印象はいなめない。これらは東京本社版。西日本版では少し変わるかもしれないが、全体的には変わりはないはず。

テレビの天気予報も、新聞とほぼ同じだ。ぼくは福井生まれなので、天気予報を見るたびに少しさみしい思いをする。隣りの金沢、または少し離れた新潟の天気に頼るしかない。

富山も同じ。富山市の人口は約四一万、隣りの新潟市の人口は約八〇万。新潟は二倍だから、ゆずるしかないが、天気予報というもっとも「視聴率」の高い場所で、長い期間にわたって不在だと、富山の影は薄らぐ。もともと地味な福井にいたっては、さらにかすんでいく。テレビのサスペンスや紀行番組でも、印象度の高い都市が舞台になるので、その差はさらにひろがることになる。情報というものにはこうした力があるのだ。登場しない府県の人たちは、どこかで同じような気持ちを抱いているのではなかろうか。

天気予報の都市は、地理という視点から決められたもの。たまたまその地域の代表的な都市を選んだものだ。しかしいつも目にする都市と、目にしない都市では印象に差が出る。人はその印象をもとに、日本の地域に対する見方をつくっていくことになる。

東日本大震災など大きな災害のあと、そこに暮らす人たちのために、テレビの天気予報に、福島、茨城などの各都市・地域の気象情報が加えられることがあった。これはとてもいいことだと思う。人びとの意識が変わることで、天気予報の都市も変わるのだ。テレビでも、すべての都道府県庁所在地の天気を表示する例も少しだが出てきた。

以前は、天気予報のテレビ番組は少なかった。一日に数回程度で、内容もシンプルだった。いまは人間の活動が活発になり、今日、明日の天気どころか長期の予想まで知りたい人がふえた。

昔の人なら、雨が降るのかどうかは、自然に対する知恵や普段の感覚で予想した。自然との接触がなくなったいまは、予報への依存度も高まることになる。大きな変化だ。

雨といえば、夏目漱石の「道草」と「雨の降る日」(『彼岸過迄』)を思い出す。雨の日に現れた男のことからはじまる、ミステリアスな長編「道草」。二歳の女の子の死を描いて胸に迫る「雨の降る日」。どちらも忘れがたい名作だ。夏目漱石の人生は、東京以外では、松山、熊本を舞台とした。松山も熊本も、現在の天気予報の都市ではない。

夜たき釣り

書籍などの刊行物に、非売品がある。特別な場所で一時期だけ配布される。旅行案内のパンフ、記念品として配られるもの、専門的な領域で刊行されたものなど。展覧会の冊子・図録などにも多い。基本的には無料だ。値段がついていないので軽く扱われがちだが、貴重なものもある。たとえば『漱石全集』『太宰治全集』『高見順全集』『三島由紀夫全集』『安部公房全集』など個人全集の内容見本にも豪華なものがある。一冊の書物と思えるほど、なかみが充実。書店で無料で手に入るが、しばらくすると消えるので、古書価も高い。最初は誰でも手に入るが、あとからは高嶺の花に。それが非売品だ。

「書誌」も、そのひとつ。ある作家の、作品や著作の精細なデータをくまなく記録したものだ。現代の「書誌」「解題」制作では、谷沢永一、小山内時雄、紅野敏郎、曾根博義、浦西和彦、古林尚、藤本寿彦、宮内淳子、武藤康史、矢部登などが知られる。

いまから四〇年ほど前、朝日新聞のインタビュー欄に、浦西和彦が登場。プロレタリア文学の旗手、葉山嘉樹の作品の記録をほぼ完全な形で完成させたという記事だった。かなり昔のことなのに、そのとき、ぼくがとてもおどろいたことをいまも鮮やかに思い出す。浦西和彦は一九四一年生まれ。まだ二〇代だったように思う。こんなに若い人が、こんなに大きなことをするのだと思った。このときの浦西和彦の研究が、筑摩書房版『葉山嘉樹全集』刊行につながった。浦西和彦はその後も活躍。このほど『文化運動年表——明治・大正編』(三人社・二〇一五)という文化史の労作を刊行し、話題になった。

ぼくの所蔵する「書誌」のひとつに『平野謙書誌』(青山毅編)がある。一九七五年、新潮社の制作。ハードカバーで、七四頁。非売品だ。平野謙(一九〇七—一九七八)の批評活動の全データを記したもので、研究者、読者の一部に配布された。編者の青山毅は、他にも高見順、吉行淳之介、島尾敏雄などの「書誌」をてがけた。

こうした「書誌」があるからこそ、それをもとにして文学者の年譜もできあがるのだ。作家研究、作品論の基礎となるのが「書誌」だ。途方もない時間をかける仕事だが「書誌」の果たす役割は大きい。「書誌」の多くは非売品で、一般書店には出ない。

尾川正二の『原稿の書き方』(大阪文学学校・一九八四)も非売品だ。てもとにあるのは第一〇版(二〇〇六)だから、多くの受講生に読まれてきたようだ。

「原稿とは何か」「原稿用紙の使い方」「日本語表記の原則」「送りがなの問題」「句読点の問題」「表現の明晰さ」の見出しで、注意点を簡潔に記す。こういう本はどこかにありそうで、なかなかないものである。原稿用紙を使って書く人はほとんどいなくなったが、文章の基本を知ることはいつの時代もだいじだ。

『海の手帳』は、「非売品」と記されただけで発行年も発行所も明記されていないが、手帳サイズのカラフルな冊子だ。瀬戸内の岡山県と香川県の、漁業協同組合連合会の制作。毎年、発行されているようだ。「海を愛する皆さんへ」として、「遊漁者の皆さんが使える漁具・漁法」「とってはいけない魚等の大きさ」「赤ちゃん魚を大事に育てましょう」などを図解。「魚・貝等をとってはいけない場所」では、岡山・香川両県の禁止海域を地図で示す。あまりにこまかいので、頭に入れるのは大変だなと思うけれど、水産資源保護のためには大切なこと。〈潮汐表〉には「夜たき釣り」「ひき釣り」「船からのまきえ釣り」への注意のあと、「香川県海面では、船からのまだこ釣りは禁止です」。釣りをしない人には、なんのことかわからないものもあるけれど、あれこれ読んでいくと、無縁と思われる項目にも興味がわいてくる。

非売品には、この『海の手帳』のように、その場に行かなくては出会えないものもある。その地域のようすを想像しながら、存分に楽しみたい。

富永有隣の大声

夏目漱石、芥川龍之介、太宰治など、ほんの少数の文豪の名前しか知らないという人がふえた。文学についての話題が限られ、単調になったように思う。でもちょっと注意してみると、いろんなところに文学の世界がある。そこから多くのことを学ぶ。

大河ドラマ「花燃ゆ」を見ている人は多いかもしれない。吉田松陰が入れられた野山獄《のやまごく》。そこに富永有隣という男がいる。俳優は、本田博太郎。彼は、松陰に向かって、

「生きて、腐って、呪え!」

などと憎々しげに大声で叫ぶ。大変気性の激しい人だ。

富永有隣《ゆうりん》(一八二一―一九〇〇)は、そのあと、吉田松陰とともに松下村塾で多くの子弟を育てた。だが明治維新のあとは、郷里山口のいなかにひっこんで、地域の子どもたちのために小さな私塾を開き、漢学を教えた。でも、年をとっても、がんこものだった。

そのころの富永有隣のようすを描いたのが、国木田独歩（一八七一―一九〇八）の『富岡先生』である。ぼくは学生のとき、「富岡先生」を読んで、そのことを知った。明治三五年（一九〇二年）に発表された作品だ。新潮文庫『牛肉と馬鈴薯《ばれいしょ》・酒中日記』に収録。

塾から巣立った青年が東京の大学に入り、遊びにきて、大学生になりましたなどというと、「それが何だ、エ？」。富岡先生は、そんな先生なのである。

青年たちがこざかしいことをいうと、「大馬鹿者！」と、一喝。

でも教え子たちは先生のことが大好きなのだ。先生が病気だというと、みんなで心配。ちょっとしたことでも案じる。ずっと先生のことを思いつづけるのだ。話もろくに聞いてくれない、怒りっぽくて、変わりものの先生。でも富岡先生は、ほんとうの意味での先生だったのだ。

大学生になったからといって、別にえらいわけではない。大学に入って、どんな勉強をするのか、そのあと人生で、どんなことをするのか。それがいちばん大切なことだ。でも日本では、学歴や地位だけで、何かのかたちのなかに入ったということだけで、自分はえらいと思っている人がいる。えらそうな顔をして、それだけでやっていく、という人は、どの世界でも、実はいまもとても多いのである。そんな人のためには、富岡先生のような存在が必要なのだ。

大きな顔をするな。そんなものはなんでもないんだと、はなから叱りとばしてくれる人がいまは少ないように思う。「富岡先生」を読むたびに、ぼくは、人間を学ぶ気持ちになる。人間について、もっともっと知りたいと思う。本田博太郎の演じる富永有隣は、実に魅力的だ。「花燃ゆ」を見ていたら、「富岡先生」に会えたのだ。うれしかった。

もうひとつ、同じ年に書かれた国木田独歩の名作に「巡査」がある。夏目漱石が激賞した作品だ。これも前記、新潮文庫に収録。

「この頃《ごろ》、ふとした事から自分は一人の巡査、山田銑太郎というのに懇意《ちかづき》になった。」

山田巡査は三四、五歳。遊びに来てください、といわれ、主人公は、巡査の下宿を訪ねる。指し物屋（家具職人）の二階で、巡査はひとり暮らし。

「窓の下に机、机の右に書籍箱《ほんばこ》、横に長火鉢、火鉢に並んでちゃぶ台、右手の壁に沿うて箪笥《たんす》鼠入らず、その上に違棚《ちがいだな》、総《すべ》てが古いが、総てが清潔である」とある。明治の頃の部屋のようすである。二人はそこで一日、話をする。山田巡査は出世など考えない人で、誠実で愛嬌のある人。あ、そうだとばかり押入れから自分の書いた漢詩などを出して、見せてくれる。それをさかなに、また話ははずむ。楽しい時間は、どこまでもつづく。文士と、巡査。世界のちがう二人なのに、とても気持ちがあうのだ。いまはこういう対話は、あまりないように思う。だから人間について知ることも少なくなる。

「富岡先生」と「巡査」。二つの作品は百年以上前のものだけれど、いまも新鮮な感動がある。人間の姿を深くかきとめたものは、いつまでも心にひびく。

夢

「不思議で夢のある物語を教えてください」。本欄（「本のソムリエ」）に寄せられた、すずらんさん（東大阪市）への回答。

イタリアの作家ブッツァーティ『神を見た犬』（関口英子訳・光文社古典新訳文庫）の一編「護送大隊襲撃」。年老いた山賊の親分が、襲撃のさいに、命を落としたところ、向こうのほうから馬に乗って、すでに死んだ、おおぜいの仲間たちが静かに現れる。

まぼろしなのに、心を強く揺さぶる。命を終えてみて、わかること、見えてくるものがあるのだろう。「戦の歌」では、戦うたびに勝っているのに、なぜか、みんなは悲しい歌をうたう。これも深みのある作品だ。

「驕らぬ心」は、村の若い司祭の話。自分は人々から「司祭さま」と呼ばれるたびに「悦び」を感じてしまう、そのことがなさけない、と。司祭は少しずつえらくなり、そのたびに同様の告白をし、それはどこまでもつづくことに。

小さな点からスタート。そのうちに不思議な光が射し、世界が傾き、きらめく。読む人もゆたかな気持ちになる。ブッツァーティの作品のなかの夢。それは現実の世界を支えるものなのだ。色川武大『友は野末に　九つの短篇』（新潮社）の「友は野末に」も、よかったら、読んでほしい。一六頁から一七頁。銭湯で、「私」の友だちのお母さんが、幻影に現れる場面。「いかにも遠いところから駈けつけてきてくれたらしい気配が満ちていて」。

心の芯まであたたまるような、美しい文章だ。ひとつひとつのことばに、息をのむ。夢は、いろんなところにありそうに思える。でも、ほんとうの夢は、このような文章のなかでしか見ることができない。

雨の中の道

長編評伝『やちまた』は一九七四年の刊行。足立巻一（一九一三—一九八五）が残した内容の深い、特別な名作だ。多くの人に深い感動をもたらした。この日本に、このような著作が存在すること。それを知るしあわせを読む人は感じることだろう。

本居宣長の長子、本居春庭《はるにわ》（一七六三—一八二八）。その文法学一筋の生涯を、これ以上望めないほどこまやかに再現する。それが『やちまた』だ。このたび上・下巻で中公文庫で刊行された。

昭和二年（一九二七年）、著者は国文の専門学校（神宮皇学館・三重県伊勢市）の白江教授の講義で、本居春庭の存在と業績を知り、興味をもつ。春庭は、父・宣長のもと、松阪で国学を学ぶが、二九歳で眼病を発し、三二歳のとき完全に失明。そのあとも、父の国学の一部門だった国文法の研究に励み、『詞《ことば》の八衢《やちまた》』を著わす。『詞の八衢』は豊富な例証をもとに四段、一段、中二段、下二段の動詞活用を明らかにした画期的なもの。「おなじことばでもその働きざまによってどちらへもいくものであるから」と、「やちまた」（道がいくつにも分かれたところ）にたとえた。春庭が名づけた「変格」（変格活用）はいまも使われている。

最後の著作『詞《ことば》の通路《かよいじ》』の自動詞・他動詞を区別する学説も、世に先んじた。ことばの本質を「意味」でなく「語法」にあるとする言語哲学から生まれた労作である。それら学説の淵源をたどる著者足立巻一の旅は、終始、春庭の心に寄りそいながら、果てもなくつづく。『やちまた』完成に、四〇年の歳月を要した。その探索の日々を清涼な文でつづる。

松阪の春庭だけではない。『詞の八衢』の学説に一面で先行したとされる鈴木朖《あきら》（尾張）、春庭の前に「刃物のようにもっとも鋭く立ちあらわれた」僧義門（若狭）など同時代の文法学者の事績にも触れながら、春庭の独創性を検証。夢のなかで本居宣長の門下となったと公言する平田篤胤。その「悪霊のように強烈無類な個性の出現」で、宣長の国学が分解していく動きも書きとめる。目の見えない春庭を助けた、妹・美濃、妻・壱岐。その代筆の文字の濃淡を通して、それぞれの人生を思う場面や、伊勢で、松阪で、出会う人たちの情景も印象的。でももっとも心をとらえるのは「切畑《きりはた》」への旅だ。

父・宣長は、春庭の眼疾を案じた。父とともに春庭は松阪をたち、尾張・馬島の明眼院《みょうげんいん》（日本初、当時唯一の眼科専門病院）で治療を受ける。失明確定のあとの京都の旅では、途中の大和国切畑村（現在、奈良県山辺郡山添村切幡・郵便番号は六三〇―二二三四）に名医がいると父から教わり、二度訪ねるが、平癒せず、「徒労の旅」に終わる。宣長は、息子の視力回復の望みを捨て切れなかった。

「切畑に希望をつないでいるのである。」

切畑はそのころ、眼科の名医がいるとは思えないような、山あいの辺地。春庭は「雨の嶮路《けんろ》」を歩いて切畑に向かったのだった。

著者は後年、その切畑へ向かう。春庭が歩いた道をたどる。さらに、一七〇年以上も前、はるか昔に、切畑にいたらしい眼科医のおもかげを、懸命にさがしあてようとする。その切畑の旅は、もはや徒労の旅ではない。人の旅としてこれ以上のものはない。心の底からそう思う。

春庭に少しおくれて生まれ、『詞の八衢』を要約して、初学のために、とてもいい案内書を書いた人、春庭のことばを人知れず大切にした人など、それぞれにひとつの道を歩き通した人たちの姿は、影となり光となって、読む人の心に残ることだろう。足立巻一『やちまた』は、さまざまな一筋を描く。ことばが果てるまで描いていく。

暮らしの肖像

群像社の新刊『8号室――コムナルカ住民図鑑』（片山ふえ訳）は、ガガの愛称で親しまれたロシアの画家ゲオルギイ・コヴェンチューク（一九三三―二〇一五）のエッセイ集だ。B6より少し小さい判型。たった一一二ページでもハードカバー。すてきな絵もいっぱい。開くだけで楽しくなる、可愛い本だ。

8号室は、ガガさんが二〇年を過ごしたレニングラード（いまのサンクトペテルブルク）のコムナルカ（共同住宅）のこと。コムナルカは、ロシア革命（一九一七・来年で一〇〇周年）後に生まれた。革命のあと、すべての住宅は、共有の資産に。地方から来た人も含め、さまざまな階層の人たちがそこで暮らした。

近くのホテルに、ソビエトに来ていた女優マリーネ・ディートリッヒが宿泊。ガガ夫妻とも親しくなった。女優はある日、コムナルカの前に。「お宅にうかがってもよくって？」と。でもおことわりしたそうだ。建物の外見はりっぱでも、中は……。招待するわけにいかないというわけなのである。

大きな建物は、革命後、真っ二つに分けられ、表通りに面した側には大理石の階段もあるが、裏側は手すりも壊れ、みすぼらしい。そのスペースを区切ったのが、ガガさんたちのコムナルカ。8号室は、部屋が一〇。四〇人ほどが生活。教師、画家、司書、仕立て屋、トラック運転手、食堂のおばさん、建築労働者、経済学者、民警、電気技師、そして子ども、大学生も。風呂はなし。トイレ、台所は共同。快適とはいえないけれど、助けあって過ごす。「これが当時私たちが生きていた現実なのである」。

一時代、暮らしを共有した人びとの肖像をひとつずつ描く。

台所のガスメーターの下の「いびつな形の箱」に陣取る、電気技師。「守衛」気取りだが、これがよろこびらしい。制服を見られるのが恥ずかしくて、「飛ぶように台所を駆け抜ける」民警。埃に糸をまきつけたりする、おばあさん。南京虫退治の名人であるタタール人女性など、外から来る人もおもしろい。

こうして短い文章がつづいたあと「カーチャとレオニード」という題の、夫婦の話へ。仲がいいような悪いような二人を、みんな気にかけた。不幸なできごともあった。「エピローグ」では、久しぶりにコムナルカを訪ね、人々の消息を聞く。

自分のことではない。いっしょにいた人たちのことを記す。スケッチであり、断片的なものなのに、全体を通りぬける、やわらかな空気が感じられる。

うしろに置かれたエッセイ三編は、一転して、他のことだ。その一編「アゾフ海の入り江の村で」の「変わらぬもの」では、平原を歩き、海を見つめながら、何十年たっても変わらないものについて思う。こういうことは、ひとりで歩いたり、ものを見たりするときによく人が思うことなのに、初めてそのことを知るような気持ちになった。感じたことの中心にあるものが、書いていても変わらないように記されているからだろう。

最後の章「かもめ」は、「その存在に注意をむけたのは、私とハエだけだった」から始まる。岩場で、死を待つかもめ。「ほら、もうおしまいなんだよ」とでもいっているような、かもめ。そのかもめの体を調べまわるハエ。いのちの終わりを見とどける文章の美しさは無上のものだ。こうして、コムナルカの回想とは異なる素材が、一冊のなかに「同居」する。それも、この本のすてきなところだ。

熱いことばも語りもないけれど、この一冊に深い魅力を感じた。これからの書物の風景は、このような本のなかにあるように思う。

あとがき

この三年間に発表したエッセイのなかから、読書にかかわる六一編を選び、書き下ろし「銅のしずく」一編を添えた。その「銅のしずく」の一章「過去をもつ人」を本書の表題とした。

楽しい記憶もある。そうではないものもある。でも誰もが、過去をもつ人である。一人でもつ過去がある。二人だけでもつもの、三人でもつものもある。そして誰もがもつ過去もある。誰一人もっていない。そんな過去も、どこかに存在するかもしれない。

時の流れが、はやい。すぐ昔のことになっていく。過ぎ去ったものが厚みをまし、世界をつくりつづける。過去の新しい見方、読み方も必要になるのだろう。

今回も、みすず書房編集部、尾方邦雄さんのお世話になった。深く感謝したい。

表記の統一はせず、原則として発表したときのままにした。西暦・和暦、記号、数字、引用の方針についても同様である。一部、改題し、加筆した。

二〇一六年六月二五日

荒川洋治

初出一覧

I

友だちの人生　「モルゲン」二〇一五年七月号

壊す人　「モルゲン」二〇一三年七月号

読書という悪書　「毎日新聞」二〇一三年八月一一日

大学へ行く　「早稲田学報」二〇一三年一〇月号

新しい見方へ導く　「毎日新聞」二〇一六年五月二九日

金沢猫と黒猫　「モルゲン」二〇一六年五月号

「門」と私　「朝日新聞」二〇一五年九月一五日

中都会のネオン　「モルゲン」二〇一六年三月号

「銀の匙」の女性　「モルゲン」二〇一四年六月号

正宗白鳥の筆鋒　「毎日新聞」二〇一五年九月六日

城の町にあること　「モルゲン」二〇一三年九月号

源泉のことば　『わが胸の底のここには』講談社文芸文庫・解説／二〇一五年九月

白楽天詩集　「こころ」一九号・二〇一四年六月
光り輝く　「モルゲン」二〇一三年一一月号
壁の線　「モルゲン」二〇一三年一〇月号
タルコフスキーの小説　「毎日新聞」二〇一五年一〇月二五日
素顔　「毎日新聞」二〇一四年一二月二八日
教科書の世界　「モルゲン」二〇一五年一一月号
二つの国　「學鐙」春号・二〇一五年三月
誰よりも早い声　「毎日新聞」二〇一四年一〇月二六日

II

銅のしずく　書き下ろし
利根川を見る人　「現代詩手帖」二〇一三年一一月号
現代詩！ の世界　「SPUR」二〇一三年九月号
寺山修司の詩論　「毎日新聞」二〇一三年九月二九日
飯島耕一の詩　「ユリイカ」二〇一三年一二月号
思考の詩情　「毎日新聞」二〇一五年二月二二日
六月の機関車　「モルゲン」二〇一四年一一月号
せきりゅうの花　「モルゲン」二〇一五年一〇月号
読むときのことばは　「毎日新聞」二〇一五年四月二九日
情報のなかの私小説　「日本経済新聞」二〇一四年一二月七日

親鸞　「學鐙」冬号・二〇一五年一二月
秋から春の坂道　「モルゲン」二〇一五年一月号
大空の井戸　「毎日新聞」二〇一四年七月六日
目に見える風景　「毎日新聞」二〇一三年一一月一七日
全体のための一冊　「波」二〇一四年一月号
ブラジルの代表作　「毎日新聞」二〇一四年三月九日
椿姫　「毎日新聞」二〇一五年七月一二日
貝の消化　「毎日新聞」二〇一五年一二月二〇日
複数の風景　「毎日新聞」二〇一四年一月一二日
葡萄畑を抜けて　「モルゲン」二〇一五年九月号
聖家族　「毎日新聞」二〇一四年八月二四日

Ⅲ

旅　「毎日新聞」二〇一六年二月一四日
知ることの物語　『火山列島の思想』講談社学術文庫・解説／二〇一五年一一月
卒論の想い出　「モルゲン」二〇一六年一月号
芥川賞を読む　「モルゲン」二〇一四年三月号
美しい本のこと　「モルゲン」二〇一四年五月号
韓日・日韓辞典　「學鐙」秋号・二〇一五年九月
国語の視野　「モルゲン」二〇一四年一二月号

地理の表現　「毎日新聞」二〇一三年六月二三日
頂上の人　「モルゲン」二〇一四年一〇月号
色紙のなかへ　「モルゲン」二〇一六年四月号
会話のライバル　「モルゲン」二〇一五年三月号
夏への思い出　『文学を語る、文学が語る』日本近代文学館・二〇一三年七月
親しみのある光景　『お供え』講談社文芸文庫・解説／二〇一五年四月
四〇年　「読売新聞」二〇一四年三月八日夕刊
未来のために外に出す　「毎日新聞」二〇一四年四月二七日
天気予報の都市　「モルゲン」二〇一五年一二月号
夜たき釣り　「モルゲン」二〇一六年二月号
富永有隣の大声　「モルゲン」二〇一五年四月号
夢　「読売新聞」二〇一六年三月二〇日
雨の中の道　「毎日新聞」二〇一五年六月七日
暮らしの肖像　「毎日新聞」二〇一六年四月一〇日

著者略歴

（あらかわ・ようじ）

現代詩作家．1949 年，福井県三国町生まれ．早稲田大学第一文学部を卒業．詩集『水駅』（書紀書林・第 26 回 H 氏賞），『渡世』（筑摩書房・第 28 回高見順賞），『空中の茱萸』（思潮社・第 51 回読売文学賞），『心理』（みすず書房・第 13 回萩原朔太郎賞），『北山十八間戸』（気争社），エッセイ・評論集『忘れられる過去』（みすず書房・第 20 回講談社エッセイ賞），『文芸時評という感想』（四月社・第 5 回小林秀雄賞），『詩とことば』（岩波現代文庫），『文学のことば』（岩波書店），『文学の空気のあるところ』（中央公論新社）など．

荒川洋治

過去をもつ人

2016年7月10日　印刷
2016年7月20日　発行

発行所　株式会社 みすず書房
〒113-0033 東京都文京区本郷5丁目32-21
電話 03-3814-0131(営業) 03-3815-9181(編集)
http://www.msz.co.jp

本文印刷所　精興社
扉・表紙・カバー印刷所　リヒトプランニング
製本所　松岳社

ISBN 978-4-622-08520-1
[かこをもつひと]

四百字十一枚	坪内祐三	2600
声色つかいの詩人たち	栩木伸明	3200
嵐の夜の読書	池澤夏樹	3000
余りの風	堀江敏幸	2600
ガンビア滞在記 大人の本棚	庄野潤三 坂西志保解説	2500
小沼丹 小さな手袋／珈琲挽き 大人の本棚	庄野潤三編	2600
耄碌寸前 大人の本棚	森於菟 池内紀解説	2600
のれんのぞき 大人の本棚	小堀杏奴 森まゆみ解説	2600

（価格は税別です）